学前教育专业特长标准

主编 王来圣 张丽丽 赵妍

图书在版编目(CIP)数据

学前教育专业特长标准/王来圣,张丽丽,赵妍主编.—北京:中国书籍出版社,2016.8
ISBN 978-7-5068-5651-5

Ⅰ.①学… Ⅱ.①王… ②张… ③赵… Ⅲ.①学前教育-教育理论-高等学校-教材 Ⅳ.①G610

中国版本图书馆 CIP 数据核字(2016)第 147940 号

学前教育专业特长标准

王来圣 张丽丽 赵 妍 主编

责任编辑	肖 雪
封面设计	葛文浩
出版发行	中国书籍出版社
地　　址	北京市丰台区三路居路 97 号(邮编:100073)
电　　话	(010)52257143(总编室)　　(010)52257153(发行部)
电子邮箱	eo@chinabp.com.cn
经　　销	全国新华书店
印　　刷	青岛鑫源印刷有限公司
开　　本	787 mm ×1092 mm　1/16
字　　数	180 千字
印　　张	9.5
版　　次	2016 年 8 月第 1 版　2016 年 8 月第 1 次印刷
书　　号	ISBN 978-7-5068-5651-5
定　　价	30.00 元

版权所有　翻印必究

"学前教育专业系列教材"
编审委员会

主　任：肖明胜

副主任：杨世诚　陈章侠　马培安

委　员：杨　民　王来圣　张丽丽　郑　清
　　　　赵　妍　田广庆

总策划：肖明胜　张同光　毕于民

本书编委会

主　编：王来圣　张丽丽　赵　妍

编　委：（以姓氏笔划为序）
　　　　丁名夫　王　璐　冯永娜　刘胜民
　　　　苏　敏　李　鹏　张小仪　高　波
　　　　高建群　贾素宁　隋立国　彭明妍

执行主编：杨世诚

目　录

前　言 ·· 1

项目一　儿童歌曲弹唱能力 ·· 1

项目二　幼儿游戏创编与表演能力 ································ 33

项目三　幼儿舞蹈表演与创编能力 ································ 44

项目四　儿童简笔画创作能力 ······································ 57

项目五　儿童手工创作能力 ·· 73

项目六　童话创编及讲述能力 ······································ 85

项目七　幼儿教育叙事创作与演讲能力 ·························· 92

项目八　幼儿园教育活动设计与指导能力 ······················· 102

项目九　幼儿园一日生活组织与指导能力 ······················· 120

项目十　家园合作能力 ··· 127

前　言

  2012年,潍坊工程职业学院确立了"SQC"一体化人才培养模式,即专长(Specialty)、素质(Qualities)、能力(Competencies)。同年10月,以院长肖明胜为项目负责人申报的教学改革课题"高职院校SQC人才培养模式的研究与实践",被批准立项为山东省高等学校2012年度教学改革项目,"SQC"一体化人才培养模式正式启动。"SQC"培养模式,强调突出学生的能力培养,以专业特长培养为核心,以素质养成和职业生涯规划设计、创新创业能力提升为重点,促进学生的全面发展。

  学前教育专业培养高素质技能型幼儿园教师。幼儿园教师和小学教师,看似相近的职业岗位,但是岗位职责却有着本质的区别:幼儿园教师引领幼儿以"玩"为主,保障幼儿快乐健康成长;小学教师指导学生以"学"为主,促进小学生生动活泼学习、健康快乐成长。学前教育学院贯彻落实"SQC"一体化人才培养模式,必须在躬身实践的基础上,制定切实可行的学前教育专业学生专业特长培养标准,作为教学过程和实践训练的行动指南。学习贯彻教育部《幼儿园教师专业标准(试行)》(下称《标准》),构建学前教育专业学生专业特长培养标准,必须遵循"专业人员→专业能力→专业特长"的行动路线,总结经验,调查研究,综合提炼,结合教学实践不断得以丰富与完善,才能实现学前教育专业培养目标与《标准》的无缝对接。

《标准》指出:"幼儿园教师是履行幼儿园教育教学工作职责的专业人员,需要经过严格的培养与培训,形成良好的职业道德,掌握系统的专业知识和专业技能。"幼儿园教师作为专业人员,应该有明确的岗位工作任务。幼儿园教师的主要工作任务是了解幼儿、保育、教育和保教工作反思四项。高质量的学前教育对幼儿园教师提出了新要求:在"幼儿为本、师德为先、能力为重、终身学习"基本理念的前提下,必须以"支持者、合作者、引导者"的角色与幼儿互动和交往,创造性地开展工作,在研究中学习,在学习中成长。

学前教育专业培养目标是幼儿园教师职业岗位工作的具体化。因此,幼儿园教师顺利完成职业岗位工作,赋予了学前教育专业学生在校学习期间必须达成的培养目标:一种精神,两种观念,七字技能,四种能力,即:

一种精神:具有吃苦耐劳的敬业精神。拥护党的基本路线,学习贯彻落实科学发展观,品德修养高尚。

两种观念:具有先进的学前教育观念和高尚的职业道德观念。掌握学前教育基础理论,可持续发展能力强,能不断进行专业化学习与研究;自主、合作意识强,爱岗敬业,诚实守信,办事公道。

七字技能:弹、唱、舞、说、画、做、写等基本技能达到合格标准,具有一项专业特长,引领幼儿园教师的职业成长。

四种能力:具备了解幼儿、保育、教育和保教反思能力。掌握学前儿童身心发展的基本特征和规律,熟悉幼儿园管理的基本内容和方法,具有创造性地发现问题、解决问题的综合素质与能力。

专业能力以知识和技能为基础,是履行岗位工作必备的能力。通过文献研究和调查研究,可以把幼儿园教师的能力分为四个层次。第一层次是一般能力,即智力。第二层次是学科技能,包括听、说、读、写、算等简单技能及弹(琴)、唱(歌)、跳(舞)、画(画)、制(作手工)等训练技能。第三层次是与教育实践直接相关的活动设计、实施与评价等能力,以及伴随着幼儿园教育全过程的教育监控能力。第四层次是幼儿园教师的教育科研能力。

幼儿园教师专业特长应融合学科技能与专业能力。专业特长是特有的专业能力,引领幼儿园教师可持续地职业发展,是成就人生理想的需要、创建特色幼儿园的需要。构建学前教育专业特长培养标准,至少要解决三个问题:一是构建学前教育专业特长的结构标准;二是构建学前教育专业特长的内容标准;三是构建学前教育专业特长的考核标准。其中,结构标准事关全局,即:学前教育专业特长是什么?学前教育专业应选择哪些专业特长?这是首先要解决的问题。

专业特长是建立在专业能力基础之上、与个人爱好密切相关的专业能力。根据学前教育专业人才培养方案和幼儿园教师的能力结构,学前教育专业特长应该兼顾学科技能和专业能力。学科技能是系统培养与长期训练的结果,是构成专业能力的关键要素,是引领幼儿园教师专业成长的要素,应占有主体地位;专业能力是幼儿园教师岗位的生产要素,是引导幼儿园教师前行的动力,应占有主导作用。多年的培养实践证明,学科技能与专业能力在专业特长中应按6:4的比例优选。

根据学前教育专业能力结构,学前教育专业学生专长应该由十种能力构成,其中含学科技能六种、专业能力四种。

为了制定好学前教育专业特长标准培养方案,学前教育学院成立特长标准方案制定小组,聚焦培养过程总结与提炼,根据省级教学改革项目要求细化与完善,形成了初步的学前教育专业特长标准。每个特长标准,以独立项目形式呈现,便于选择,方便操作。学前教育专业特长标准方案制定者、修改审定者如下表所示。

学前教育专业特长方案制定、修改审定一览表

类型	专业特长标准		制定者	修改审定者
学科技能	项目一	儿童歌曲弹唱能力	彭明妍	赵 妍
	项目二	幼儿游戏创编与表演能力	贾素宁	杨世诚
	项目三	幼儿舞蹈表演与创编能力	王晓丽	赵 妍
	项目四	儿童简笔画创作能力	陈汝敏	杨世诚
	项目五	儿童手工作品创作能力	丛 娜	杨世诚
	项目六	童话创编及讲述能力	张 停	王来圣
专业能力	项目七	幼儿教育叙事创作与演讲能力	李 鹏	张丽丽
	项目八	幼儿园活动设计与指导能力	杜青芬	张丽丽
	项目九	幼儿园一日生活组织与指导能力	宋 杨	王来圣
	项目十	家园合作能力	孙一耕	王来圣

学前教育专业特长培养,与改革同步,与时代同行。虽然形成了初步的特长标准,但仍存在不足之处,敬请广大读者批评指正,携手前行。

编 者
2016 年 8 月

项目一 儿童歌曲弹唱能力

一、培养理念

儿童歌曲弹唱具有综合性、实用性的特点,是学前教育专业的核心课程,以音乐审美为基本理念,对于培育学生的情操、健全人格起着重要作用。第一,学科之间的相互融合。协调"音乐素养基础课——乐理、视听训练"、"儿童歌曲演唱"与"儿童歌曲弹唱"等课程的进度,使理论学习与实践同步进行。与此同时,将钢琴和电钢琴演奏技术有机地融合,应用电视、投影仪、电脑等数码设备和有声乐谱,实现"视、听、弹、唱"为一体的教学模式。第二,强调工学结合。以市场需要、就业为导向,将教育教学目标向适应社会幼儿园需要的基础型、复合型、实用型、技能型人才培养方向转化,不断更新、改革创新课程教学模式。结合高职学生工作教学内容、自身的年龄学习特点,探索实践、教学经验。第三,以职业能力培养为重点。结合本课程技能性强的特点加强学生学习的实践实训环节,加大实践性教学比重。儿童歌曲弹唱本身是一门实践技能课,除了掌握弹唱技巧,还需要学习组织音乐课弹唱的教学技巧,根据具体的教学环境和任务,可模拟体验幼儿园一线教学的特点和教学实际,在有针对性的课程安排与授课模式下使学生感觉到新奇而有兴趣。通过模拟课堂教学这一环节,学生体会到由学校的受教育对象变成了幼儿园教师,角色的转换让他们树立实际工作的紧迫感、责任心和使命感,同时对课程的学习有更明确的目的性和良好的学习动机,在今后的顶岗实习、工作中能够更好地"零距离"接轨。

(一)重要性

1. 从国家的相关规章制度上来看

《幼儿园教育指导纲要》中明确提出:"艺术——丰富幼儿的情感,培养初步的感受美、表现美的情趣和能力。目标:其一,能初步感受环境、生活和艺术中的美。其二,喜欢艺术活动,能用自己喜欢的方式大胆地表现自己的感受和体验。其三,乐于与同伴一起娱乐、表演、创作。"《幼儿园教师专业标准》里面明确提出:"幼儿教师必须具有相应的艺术欣赏与表现知识。"《3~6岁儿童学习与发展指南》中提到:"喜欢欣赏多种多样的艺术形式和作品,喜欢进行艺术活动并大胆表现,具有初步的艺术表现与创造能力。幼儿教师要尊重幼儿自发的表现和创造,并给以适当的指导。"

2. 从学前教育专业的人才培养实际来看

儿童歌曲弹唱能力是每一个幼儿园教师必须具备的重要专业能力之一。这就要求学校在学前教育专业人才培养过程中,重视学生儿童歌曲弹唱能力的培养,提升学生的职业岗位能力。

近年来,国家加大了对学前教育专业的调整和改革力度,也对幼儿园教师提出了更高的要求,因此,高职学院将学前教育专业人才培养理念定位为:精学多练,突出专长。提出"没有专长的学生不能毕业"。其中,儿童歌曲弹唱就是每个学前教育专业的学生毕业前必须练就的一项专业特长。

(二)属性

儿童歌曲弹唱能力是学前教育专业的学科技能,是幼儿教师开展各项音乐活动所必备的专业基本功,在幼儿园音乐教学实践中,对于提高幼儿对音乐的兴趣,激发幼儿的音乐情感,培养幼儿良好的音乐审美情趣和能力都有着重要的作用。它通过有旋律的音符、节奏等音乐语言塑造形象,反映社会生活,表达作者的主观感情和对人生的理解。

(三)培养思路

如何培养可概括为:突出一条主线,兼顾三维目标。

1. 一条主线

培养学生的儿童歌曲弹唱专项能力,包括儿童歌曲伴奏、儿童歌曲配弹、儿童歌曲弹唱。

2. 三维目标

知识目标:了解幼儿园弹唱课程的教学环境与条件。

技能目标:掌握弹唱课程的组织与实施、有效指导的技巧和策略,锻炼学生独立思考的能力、合作学习的能力等。

情感目标:培养学生责任意识、组织协调能力,提升学生人际交往能力及沟通交流技巧,培养学生大胆自信、善于合作分享的团队精神等。

二、培养标准

(一)培养目标

通过课程教学,学生能掌握正确的钢琴弹奏方法和弹奏技能技巧,能正确地分析和处理一般儿童歌曲作品；能掌握不同类型及风格的钢琴作品，提高艺术修养和音乐的表达能力；加强幼儿歌曲伴奏及自弹自唱的训练，提高实际工作能力，形成一定的音乐表达能力和歌曲编配伴奏能力。

为人才培养目标提供支撑，培养学生掌握幼儿教师开展幼儿音乐活动所必备的专业技能：音乐知识、能力、素质。

其课程的三大目标为：

知识目标

熟识乐谱、键盘乐理知识，掌握钢琴弹奏及儿歌弹唱的基本技法知识，掌握儿童歌曲即兴伴奏的理论知识及幼儿音乐教学的方法知识。

能力目标

具备熟练的钢琴弹奏与弹唱能力，钢琴即兴伴奏的编配能力；具备良好的音乐感、节奏感及音乐理解力、表现力；具备开展幼儿园音乐教学活动的组织能力及良好的人际沟通与协调能力。

素质目标

具有良好的教师职业道德素质和人生态度以及良好的音乐审美素质和人文艺术修养；具有乐观、大方的健康人格；具有耐心细致和坚强的意志品质及良好的创新素质和团队合作意识。

(二)教学标准

围绕高端技能型人才的培养目标，综合考虑学生的基本素质、职业能力培养与可持续发展，引入幼儿园技术标准或规范，体现职业岗位(群)的任职要求，紧贴幼儿园领域的最新发展变化。专业课程体系和课程设置体现综合应用能力和业务能力有机结合，明确专业核心课程、教学进程安排及实践教学体系等。

表1-1 教学任务及内容一览表

专长项目教学任务一	钢琴基础训练
分解任务一	了解钢琴的发音原理、历史沿革、乐器特色、钢琴音域、现代钢琴的分类。知道其地位：在流行、摇滚、爵士以及古典等几乎所有的音乐形式中都扮演了重要角色，被誉为"乐器之王"。

续表

专长项目教学任务一	钢琴基础训练
分解任务二	弹奏姿势与手型 坐姿:调整座位与钢琴的距离。若太远,会感觉到手臂僵、直;若太近,会感觉手臂拘紧、酸累。调整座位的高低以手臂、肘略高于键面为宜。坐在座位的前半部,上半身略向前倾,演奏状态要积极;坐在琴中央的前方,更高或更低音都能够自如弹奏。 手型:手指自然搭在琴键上,成拱形。上臂自然下垂,前臂平伸,肘部略高于键盘。 手指:放松,高抬手指,触键有爆发力,独立性要强,避免弹奏中出现翘指、关节塌陷、指尖立不起来、折指、独立性差的问题。
分解任务三	指法 左右手大拇指为1指,食指为2指,中指为3指,无名指为4指,小指为5指。指法运用是至关重要的,若安排科学合理,能使乐句完整且连贯。 常见的指法有以下几种: (1)顺指法:按手指顺序弹奏。 (2)穿指法:1指从其他手指下方穿过的弹奏法。 (3)跨指法:其他手指从1指上面跨越的弹奏法。 (4)扩指法:伸展虎口,扩大指距的弹奏法。 (5)缩指法:收拢虎口,缩小指距的弹奏法。 (6)轮指法:分同音、无声两种。前者为用不同手指轮流弹奏重复音的弹奏法,后者为一键由不同手指弹奏,在此过程中不离键的弹奏法。
分解任务四	断奏 断奏又称断音弹奏法,是重要的基本弹奏方法之一,是其他技术发展的重要基础。 断奏的弹法练习:可以运用"落滚"方法来进行。肩膀放松,大臂带动小臂将手腕提起,做预备呼吸动作,提到谱面高度,自然落下。将手臂重量自然落到手指,把手型摆好,手指指端落在琴键上时"站"稳,同时手腕落平。弹奏声音扎实饱满,柔和松通圆润。这是一个自然连贯的整体弹奏过程。这种每个音之间都断开的弹奏方法即称为断奏。

续表

专长项目教学任务一	钢琴基础训练
分解任务五	连奏 连奏：是一种音与音紧密相连的弹奏方法，分为圆滑奏和乐句连奏。前者是两个音用短连线相连，后者是几个音用连线相连。乐句是构成乐曲的基本结构单位。连奏是钢琴乐曲弹奏方法的中心内容，是使用率最高的弹奏方法。 连奏弹奏方法：以指面肉垫触键，运用手臂的重量在手指间平稳地流动转移，贴近键面触键，控制好下键速度，柔缓地适度下键，用力方向为水平，连线的最后一个音用手臂提起的放键动作。弹奏出柔和圆润而连贯的声音。
分解任务六	跳奏 跳奏：跳音又称跳奏，是断奏的发展变化形式。 音符上标有圆点或小黑三角记号的音，均要求用跳音的奏法演奏。小圆点的音符跳奏，弹该音符时值的二分之一拍，标有小黑三角记号的音符跳奏，弹音符时值的四分之一拍。 跳奏的弹奏方法：手指贴近琴键，触键敏捷，手指反弹并迅速离键，弹奏出集中透亮而富有弹性的声音。
分解任务七	双音弹奏 双音弹奏：指和声音程的弹奏，包括二度、三度、四度、五度、六度、七度和八度等和声音程。技术训练中双音弹奏又是和弦弹奏的基础，其地位是非常重要的。 双音弹奏方法：手臂重量自然落在手指尖，弹奏的两个手指要积极主动，抬高手指，同时触键，并在琴键上站稳。
分解任务八	和弦弹奏 和弦弹奏：钢琴是和声性乐器，钢琴作品属于多声部音乐作品，弹奏好和弦及和弦伴奏织体具有重要意义。因此，在良好的双音奏法基础上进行三和弦和属七和弦的学习。 三和弦的弹奏方法：肩部放松，手臂和手腕放松，手腕富有弹性，手掌支撑，三个手指贴键弹下，同时整齐触键，手指弹奏重量要通畅，将琴键弹到底，指、掌关节支撑好，保持良好的手形，弹完后大臂带动小臂及手腕抬起手指。

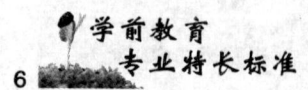

续表

专长项目教学任务二	调式内的练习曲、乐曲弹奏
分解任务及内容一	掌握C大调一个八度范围内的音阶、琶音、和弦,掌握a小调一个八度范围内的音阶、琶音、和弦。 练习曲如:拜厄 No.6、No.7、No.8、No.15、No.17、No.27、No.29。 乐曲如:《火车》、《玛丽有只小羊羔》、《雷格泰姆舞》、《上学的日子》、《蜜蜂》、《在堤岸上》、《我的太阳》。
分解任务及内容二	掌握G大调一个八度范围内的音阶、琶音、和弦;掌握e小调一个八度范围内的音阶、琶音、和弦。 练习曲如:拜厄No.76、No.73,车尔尼599No.12。 乐曲如:《香槟》、《很久很久以前》。
分解任务及内容三	掌握F大调一个八度范围内的音阶、琶音、和弦;掌握d小调一个八度范围内的音阶、琶音、和弦。 练习曲如:拜厄No.68、No.69,车尔尼599 No.21、No.24。 弹奏乐曲如:《日出》、《杂技演员》、《书中的故事》、《牛仔之歌》。
分解任务及内容四	掌握D大调一个八度范围内的音阶、琶音、和弦;掌握b小调一个八度范围内的音阶、琶音、和弦。 练习曲如:拜厄No.75、No.80。 乐曲如:《农民舞曲》、《猎人们的合唱团》。
分解任务及内容五	掌握B大调一个八度范围内的音阶、琶音、和弦;掌握g小调一个八度范围内的音阶、琶音、和弦。 练习曲如:拜厄No.72、No.97。 乐曲如:《在阿尔卑斯山上》、《在村旁》。
专长项目教学任务三	儿童歌曲伴奏基础训练
分解任务一	歌曲伴奏基础知识;和弦构成与转位;调式与调式音级;歌曲伴奏编配步骤。
分解任务及内容二	进行曲风格的柱式和弦伴奏及其乐曲、配弹曲的弹奏; 抒情曲风格的八度、柱式和弦伴奏及其乐曲、配弹曲的弹奏。 学会弹奏:《国旗多美丽》、《玩具进行曲》、《开火车》、《小海军》、《故乡的亲人》、《大海啊,故乡》、《友谊地久天长》。

续表

专长项目教学任务三	儿童歌曲伴奏基础训练
分解任务及内容三	大调式半分解和弦伴奏及其乐曲、配弹曲的弹奏； 小调式半分解和弦伴奏及其乐曲、配弹曲的弹奏； 三拍子半分解和弦伴奏及其乐曲、配弹曲的弹奏。 学会弹奏：《划小船》、《火车开啦》、《小小脚印真有趣》、《海鸥》、《大鹿》、《我和奶奶去买菜》、《巧嘴八哥》、《好妈妈》、《娃哈哈》、《喀秋莎》、《牧童之歌》、《踏浪》、《小小的我志气大》、《我们是草原上的小牧民》、《我是快乐的小蜗牛》、《两只小象》、《我们多么幸福》、《我们同在一起》。
分解任务及内容四	大调式全分解和弦伴奏及其乐曲、配弹曲的弹奏； 小调式全分解和弦伴奏及其乐曲、配弹曲的弹奏； 三拍子全分解和弦伴奏及其乐曲、配弹曲的弹奏。 学会弹奏：《小乌鸦爱妈妈》、《家》、《雪花和雨滴》、《好娃娃》、《像个小学生》、《春天》、《春天在哪里》、《打电话》、《爱运动的小宝宝》、《小草》、《我是草原小骑手》、《野菊花》、《冬天多么美好》、《老师教会我》、《云》。
分解任务及内容五	大调式琶音伴奏及其乐曲、配弹曲的弹奏； 小调式琶音伴奏及其乐曲、配弹曲的弹奏； 学会弹奏：《小星星》、《送别》、《小鸟飞来了》、《月儿弯弯》、《让我们荡起双桨》、《风儿找妈妈》、《妈妈格桑拉》。
分解任务及内容六	大调式无旋律伴奏及其乐曲、配弹曲的弹奏； 小调式无旋律伴奏及其乐曲、配弹曲的弹奏。 学会弹奏：《丰收之歌》、《剪羊毛》、《小红帽》、《数鸭子》、《捉泥鳅》、《小蚂蚁避雨》、《兰花草》、《草原英雄小姐妹》。
分解任务及内容七	大调式副三和弦伴奏及其乐曲、配弹曲的弹奏； 小调式副三和弦伴奏及其乐曲、配弹曲的弹奏。 学会弹奏：《大海啊，故乡》、《国旗红红的哩》、《中国，中国，鲜红的太阳永不落》、《莫斯科郊外的晚上》、《牧童之歌》、《月之故乡》。
分解任务及内容八	前奏、间奏、尾声材料的使用。 学会弹奏：《老师老师我们爱你》、《小猴子》、《一分钱》。

续表

专长项目教学任务三	儿童歌曲伴奏基础训练
分解任务及内容九	柱式和弦与全分解和弦的综合运用；柱式和弦与琶音的综合运用。学会弹奏：《大海啊，故乡》《党啊，亲爱的妈妈》。
专长项目教学任务四	儿童歌曲弹唱创编
分解任务一	选择题材：学会选择一个适合儿童歌曲弹唱的题材，可以从幼儿园教材中选材。
分解任务二	巧妙构思：歌曲的情绪有什么样的要求？用什么样的伴奏音型表现题材？分为几段？表现什么样的意境和主题？
分解任务三	分组表演：分组表演有弹有唱有表演。编排成型，互相观摩学习，教师给出指导意见，整改完善。

表1-2 教学标准一览表

序号	项目名称	知识标准	能力标准	情感标准
1	钢琴基础训练	了解钢琴基本常识；知道钢琴各种弹奏方法及其特点；懂得常用的音乐术语；领悟钢琴弹奏基本要点。	掌握正确的弹奏姿势，培养严格的读谱习惯；掌握正确、科学的训练方法。	感受优美的旋律，形成初步的审美情趣。
2	调式内的练习曲、乐曲弹奏	掌握中外不同地域风格、不同时期的钢琴音乐作品；知道力度记号，渐强渐弱记号；大连线内乐句时值弹奏均匀；了解音名和固定、首调唱名法的异同；巩固休止符的运用；知道临时变化音记号的使用情况；知道切分节奏、十六分音符的时值；知道装饰音；知道高八度、顿音记号等。	通过对各曲目的学习，发展音乐作品的处理能力，相对完整富有感情地弹奏一段曲目。	开阔眼界，丰富音乐语汇，积累音乐素材，提高学生的音乐鉴赏能力。

续表

序号	项目名称	知识标准	能力标准	情感标准
3	儿童歌曲伴奏基础训练	掌握柱式、半分解、全分解、琶音、无旋律等综合的伴奏弹唱技巧。	掌握基本弹唱能力,并能独立表演。	提高学生手、眼、口、脚综合协调的能力。
4	儿童歌曲弹唱创编	能够根据曲子情绪的需要选择好正确的伴奏音级、音型进行弹唱。	可以独立或者小组合作创编。	了解其重要性,体会其艺术美。

课程教学方法:课程教学结合课程内容运用课堂讲授、演奏示范、练习、指导、训练、答疑、交流、讨论、分析等方法,优化实践中的演奏会、音乐会、重奏、独奏、伴奏、演奏实践演出等音乐实践环节,丰富课程内容,增强学生的专业兴趣,培养学生独立学习的能力和艺术分析与表现的实际工作能力。

(三)培养模式——基于教学做一体化的六段式教学模式设计

在专长培养的具体实施过程中,学校贯彻教学做一体化设计理念,按照"讲→训→演→考→评→赛"六段式教学模式,在每个项目的学习中学生可以灵活运用讨论法、小组合作法等多种学习方法。六段式教学模式的实质就是教学做一体化。

"讲",是指教师结合有关的弹唱案例,讲清楚旋律调性的分析、和弦的选择、和声的进行、指法的运用、弹唱注意的问题等,以示范的方式向学生展示。

"训",是指运用多媒体电钢琴教室和钢琴教室,反复训练多次使学生形成一种能力。

"演",是指现场模拟演练的能力,在训练基础上技能的一种提升。

"考",结合学习过程与学习效果,给予学生全面的考量。学习过程考核包括课前准备、出勤情况、上课态度、上课回答问题的质量、作业完成质量等,学习效果考核包括平时检查、顶岗实习、技能比赛、文艺汇报演出、钢琴、声乐艺术考级等。

"评",是指对现场演奏进行评价,学生自评、互评,老师评价、校外专家、园长评价,细化分数比例,量化分值,反馈教学,从中发现问题,进而改进。

"赛",是指潍坊市、山东省以至全国的比赛,通过比赛促进学习的一种激励环节。

教学案例

F调单元教学做一体化

其一：项目目标

1. 了解什么是音阶，掌握它的大小调不同调式。
2. 会欣赏、演奏儿童歌曲弹唱曲目。
3. 学会运用儿童歌曲弹唱曲目设计与组织幼儿教育活动。

其二：能力要求

1. 会欣赏、演奏儿童歌曲弹唱曲目。
2. 学会设计运用与组织幼儿教育活动。

其三：学习内容

即兴伴奏曲目《红蜻蜓》。

其四："教学做一体化"流程

《红蜻蜓》1＝F大调，雨过天晴的夏季傍晚，红蜻蜓飞来，引起人们对童年的怀念。每小节一个和弦，在第四小节用一个升高的三级三音和弦，使色彩较新鲜，后面衔接也很自然。连绵不断的摆动式分解和弦，表达纯真、朴实的感情。第四小节音型稍流动，造成句尾变换，以分清乐句。

歌词为：晚霞中的红蜻蜓请你告诉我，童年时代遇到你，那是哪一天。拿起小篮来到山上，桑树绿如荫。采到桑果放进小篮，难道是梦影。晚霞中的红蜻蜓，你在哪里哟，停歇在那竹竿尖上，是那红蜻蜓。

其五：能力培养一体化

以培养学生儿童歌曲弹唱能力为目标，教、学、做合一，理论与实践一体化。

教（20%，约10分钟）：通过教师的讲授、示范，明确练习曲与乐曲的不同弹奏要求，引导学生建立系统的知识结构。

学（30%，约15分钟）：学生通过讨论、分析的方法，掌握乐曲弹奏的结构特点。

做（50%，约75分钟）：学生研究、巩固、展示，学会整理信息，通过小组交流、演奏会、作业汇报等不同形式表达与交流自己的弹奏成果。

其六：幼儿园实践练习

《红蜻蜓》歌曲介绍：日本作曲家、指挥家山田耕作38岁时创作的一首儿童歌曲，在日本是家喻户晓。它本来是一首描写少年儿童回忆自己幼年情景的儿童歌曲，后来大人们也喜听爱唱,也成了他们回忆童年生活的歌曲。

教学目标:

1. 通过学唱《红蜻蜓》,感受歌曲中优美、深情的旋律,表达美好回忆的情绪,歌曲优美动听,深情自然。

2. 初步学唱两声部合唱歌曲《红蜻蜓》。

教学重点:

歌曲《红蜻蜓》第二声部的学唱。

教学准备:

钢琴、录音机、电子琴、媒体课件。

教学过程:

第一步:导入新课。

第二步:学唱歌曲。

1. 教师深情地演唱歌曲《红蜻蜓》。准确把握歌曲演唱速度、节奏以及高音的演唱方法,表现歌曲艺术形象。

2. 听赏录音版本的歌曲《红蜻蜓》。

3. 出示歌谱。

4. 听二声部歌曲《红蜻蜓》。

通过欣赏,二声部的合唱协调均衡,富有美感,使学生初步感受歌曲所表现的深情,回忆童年趣事的意境。

通过聆听、范唱、模仿等形式,在体验、合作中准确地表现歌曲。用优美抒情的歌声演唱歌曲,抒发对童年时光的美好回忆,激发学生热爱音乐的感情。

第三步:教师小结。

(四)考核标准

课程成绩的考核是教学工作中的重要环节,它既是检验学生专业学习成绩的良好凭据,也是检验教师专业教学成果的重要机制。因此,建立以服务毕业生就业为导向优化课程的评价体系,是体现当今市场经济需求的第一要务。根据幼儿园教师考正式编制的考试模式为考核训练的重点,细化儿童歌曲弹唱技能考核标准。

考试范围为三升三降大小调内的三和弦儿童歌曲伴奏。

儿童歌曲弹唱的等级分为优秀、良好、合格三个等级。

表 1-3 考核标准表

优秀 (85分~95分)	**儿童歌曲伴奏（占有30%的比例）：** 1. 能准确把握歌曲的体裁类型：坚定有力的进行曲风格，如《国旗多美丽》、《小海军》；活泼、欢快的音乐风格，如《小毛驴》；抒缓、优美的抒情曲风格，如《新年好》。此外，还有摇篮曲、游戏歌曲、表演歌曲、谜语歌曲、民间歌曲。 2. 能够分析曲式结构：上下句结构乐段、平行结构乐段、三句体结构乐段、复合结构乐段、多乐句结构乐段、带再现的单二部曲式、不带再现的单二部曲式、带再现的单三部曲式、不带再现的单三部曲式。 3. 明确调性：大小调式歌曲的伴奏还是民族调式歌曲的伴奏。 4. 能正确运用正三和弦和属七和弦，和弦、织体运用自如、不单一。选择和弦：只有明确了调式调性才能正确地选择和弦。一般情况下，根据儿童歌曲开头和结尾音以及旋律线条来判断，但也不是绝对的，一定要通过对歌曲的分析确定调性，选择和弦，和声编配与音型织体符合歌曲的音乐风格（即歌曲旋律的地域、性格特征），儿童歌曲的开头和结尾一般以稳定的主和弦开始和结束，中间的小节要看强拍音、强位音占哪个和弦音多就用哪个和弦。 5. 确定伴奏音型：分为柱式和弦伴奏、半分解和弦伴奏、全分解和弦伴奏以及琶音伴奏、无旋律伴奏等。伴奏和声织体符合歌曲所表现的思想内容以及情绪。 6. 半终止、终止式设计合理。 7. 前奏、间奏、尾声编配合理。 **儿童歌曲配弹（占有30%的比例）：** 1. 具有鲜明的音乐特点和年龄特征，能很好地表现音乐内容，有自己的见解、创造。 2. 注重歌曲艺术效果，左右手和声音层次清晰。 3. 突出音乐的表现力和音乐风格。 **儿童歌曲弹唱（占有40%的比例）：** 1. 音准、节奏准确、稳定，咬字清晰，掌握正确的钢琴弹奏方法，双手配合默契、有协调性。 2. 有感情的演唱，歌曲演唱完整、规范，声音亲切、明亮，音色上注重幼儿歌曲的音乐特点和年龄特征，声音圆润、音质干净，能较准确地运用普通话或原文演唱中外儿童歌曲，能较好地表现歌曲情感，旋律流畅。 3. 突出儿歌弹唱的表演性和思想内容，弹唱层次清晰，自弹自唱流利顺畅，在艺术表现效果上注重弹与唱的完美结合、配合和谐。 4. 艺术表演形式得体，身体动作符合音乐特点，表演自然、协调，情绪到位，表现极富感染力。

续表

	儿童歌曲伴奏(占有30%的比例):
良好 (70分~84分)	1. 能较准确把握歌曲的体裁类型。 2. 能够明确调性。 3. 伴奏音型符合歌曲音乐风格。 4. 能正确运用正三和弦和属七和弦,和弦选择好,织体运用合理,伴奏和声较简练。 5. 终止式设计较合理。 6. 前奏、尾声编配合理。
	儿童歌曲配弹(占有30%的比例):
	1. 具有鲜明的音乐特点和年龄特征。 2. 注重歌曲艺术效果。 3. 突出音乐表现力和音乐风格。
	儿童歌曲弹唱(占有40%的比例):
	1. 音准、节奏准确、稳定,咬字清晰,掌握正确的钢琴弹奏方法,双手配合有协调性。 2. 发声方法基本准确,能做到较有感情的演唱;声音亲切、明亮,音色上注重幼儿歌曲的音乐特点和年龄特征,声音圆润,能较准确地运用普通话或原文演唱中外儿童歌曲,能较好地表现歌曲情感,旋律连贯。 3. 表达出儿歌弹唱的表演性和思想内容,弹唱的层次较为清晰,自弹自唱流利顺畅,在艺术表现效果上注重弹与唱配合和谐。 4. 歌曲演唱完整、规范,艺术表演形式得体,身体动作符合音乐特点,表演较为自然、协调,感染力略微欠缺。
合格 (60分~69分)	儿童歌曲伴奏(占有30%的比例):
	1. 能把握歌曲的体裁类型。 2. 能够明确调性。 3. 伴奏音型符合歌曲音乐风格。 4. 能正确运用正三和弦和属七和弦,和弦选择较好,织体运用较为合理,伴奏和声简练。 5. 终止式设计较合理。 6. 前奏、尾声编配合理。

续表

合格 (60分~69分)	儿童歌曲配弹(占有30%的比例)： 1. 符合音乐特点和年龄特征。 2. 注重歌曲艺术效果。 3. 表现出一定的音乐表现力和音乐风格。
	儿童歌曲弹唱(占有40%的比例)： 1. 音准、节奏准确、稳定，咬字清晰，掌握正确的钢琴弹奏方法，双手配合有协调性。 2. 发声方法基本准确，能做到较有感情的演唱；声音亲切，音色上注重幼儿歌曲的音乐特点和年龄特征，能运用普通话或原文演唱中外儿童歌曲，旋律连贯。 3. 歌曲演唱完整，规范性略欠缺；艺术表演形式得体，某些身体动作不符合音乐特点；表演不够自然，表演缺乏感染力。

附：曲目等级及谱例

A级难10首，B级中等10首，C级简单10首

A级

大海啊，故乡

1=F 3/4

王立平 词曲

```
1 2 1.  7 6 | 5 3 3 - | 3 4 3.  2 1 | 6 2 2 - |
小时候  妈妈 对我讲，   大  海 就是 我 故乡，

7 1 7.  6 5 | 5 2 2 - | 4.  3 1 6 | 1 - - |
海 边  出 生，  海 里 成    长。

‖: 5 6 5.  3 | 5 6 5 - | 6 5 4 1 1 6 5 | 5 - - |
  大 海 啊  大 海，     是 我 生 活 的 地  方。

3 4 3.  2 1 | 6 2 2 - | 4 5 4 3 1 6 | 1 - - :‖
海 风 吹  海 浪 涌，   随 我 漂 流 四 方。
```

读书郎

1=♭E 2/4　　　　　　　　　　　　　　　　　　宋　扬　词曲

6· 1 6 5 | 6· 1 6 | 6 6 1 2 3 | 2 1 6 | 6· 1 3 |
小嘛小二　郎，背着那书包 进学堂，不　怕
小嘛小二　郎，背着那书包 进学堂，不　是

3 2 3 5 3 | 3 5 6 6 6 5 3 | 2 — | 6 6 6 6 | 6 5 3 2 |
太阳晒也 不怕那风雨　狂，只怕那先生 骂我懒哪，
为做官也 不是为面子　光，只为穷人要 翻身哪，

2· 3 5 3 | 5 6 5 3 | 2 3 2 1 | 6 — | 6 6 1 3· 3 |
没　有　学　问（啰），无脸见爹　娘。（丁丁丁切个
不　受人欺　负（呃），不做牛和　羊。（丁丁丁切个

2 2 3 6 | 2· 3 5 3 | 5 6 5 3 | 2 3 2 1 | 6 — ‖
隆隆冬呛），没　有　学　问（啰），无脸见爹　娘。
隆隆冬呛），不　受人欺　负（呃），不做牛和　羊。

风儿找妈妈

1=C 2/4

i 6 6 | 5 6 6 | 3· 5 3 2 | 3 — | 6 6 6· i |
太阳 回家了，月亮回家了，　　　风儿风儿

5 3 3 | 2· 3 1 6 | 6 — | 6 2 0 3 5 | 2 1 2 |
还在刮，它在找妈　妈。　　问过　小　树，
　　　　　　　　　　　　　告诉　小　树，

3 6 0 6 i | 5 3 3 | 2· 3 1 2 | 3 6 6 | 2· 3 1 6 | 6 — ：‖
问过　小　花，妈妈妈妈你在哪，别把我丢下。
告诉　小　花，捎给妈妈一句话，风儿好想她。

2· 3 1 2 | 3 6 6 | 5· 3 | i 7 6 | 6 — ‖
捎给妈妈 一句话 风　儿 好想 她。

送 别

1=C 4/4

中速

[美]奥德维 曲
李叔同 填词

5 3 5 1̇ - | 6 1̇ 5 - | 5 1 2 3 2 1 | 2 - 0 0 | 5 3 5 1̇. 7 |
长亭外，　古道边，　芳草碧连天，　　　　晚风拂柳

6 1̇ 5 - | 5 2 3 4. 7 | 1 - 0 0 | 6 1̇ 1̇ - | 7 6 7 1̇ - |
笛声残，　夕阳山外山。　　　　天之涯，　地之角，

6 7 1̇ 6 5 3 1 | 2 - 0 0 | 5 3 5 1̇. 7 | 6 1̇ 5 - | 5 2 3 4. 7 |
知交半零落，　　　一觚浊酒尽余欢，今宵别梦

1 - 0 0 | 5 3 5 1̇ - | 6 1̇ 5 - | 5 1 2 3 2 1 | 2 - 0 0 |
寒。　　长亭外，　古道边，　芳草碧连天，

5 3 5 1̇. 7 | 6 1̇ 5 - | 5 2 3 4. 7 | 1 - 0 0 ‖
晚风拂柳笛声残，　夕阳山外山。

草原英雄小姐妹

$1={}^\flat E$ $\frac{4}{4}$

(6. 35 6 6 | 3. 6 62 3 3 | 3 35 66 |

5 3 22 | 1. 2 351 | 6. 6 0) | 6 6 2 22 | 3 6 22 |
　　　　　　　　　　　　　　　　天 上 闪 烁 的 星 星 多 呀，
　　　　　　　　　　　　　　　　草 原 开 放 的 花 儿 多 呀，

1. 2 36 | 2. 3 20 | 1 1 2 36 | 2 1 6 6 | 5. 6 2 31 |
星 星 多， 　　不 如 我 们 草 原 的 羊 儿
花 儿 多， 　　不 如 我 们 新 盖 的 工 厂

6 — | 2 22 2 22 | 3 6 22 | 1. 2 36 |
多， 天 边 漂 浮 的 云 彩 白 呀，云 彩
多， 山 间 的 花 鹿 跑 得 快 呀，跑 得

2. 3 20 | 1 1 2 36 | 2 1 6 6 | 5. 6 2 31 |
白， 　　不 如 我 们 草 原 的 羊 绒
快， 　　不 如 我 们 草 原 的 汽 车

6 — | 6. 35 6 66. | 3. 6 62 3 3. |
白。 啊 哈 嗬 嗬 咿， 啊 哈 哈 嗬 嗬 咿，
快。 啊 哈 嗬 嗬 咿， 啊 哈 哈 嗬 嗬 咿，

3 35 66 | 5 3 22 | 1. 2 351 | 6 — ‖
不 如 我 们 草 原 的 羊 绒 白。
不 如 我 们 草 原 的 汽 车 快。

让我们荡起双桨

1=♭E 2/4

中速稍快 优美热情地 ♩=100

乔羽 词
刘炽 曲

歌词：
让我们荡起双桨，小船儿推开波浪，海面倒映着美丽的白塔，四周环绕着绿树红墙。小船儿轻轻飘荡在水中，迎面吹来了凉爽的风。

红领巾迎着太阳，阳光洒在海面上，水中鱼儿望着我们，悄悄地听我们愉快歌唱。

做完了一天的功课，我们来尽情欢乐，我问你亲爱的伙伴，谁给我们安排下幸福的生活？

2.红领巾
3.做完了

月儿弯弯

1=C 2/4

$\underline{5}$ 1 1 | $\underline{3\ 1}$ 1 | $5.\ \underline{3}$ $\underline{5\ 3}$ | 5 — | $\underline{5}$ 1 1 |
月儿 月儿 弯 又 弯， 星儿 闪 闪 亮。 人 造 星星

$\underline{3\ 1}$ 1 0 | $5.\ \underline{3}$ $\underline{5\ 3}$ | 2 — | $5.\ \underline{5}$ 6 | 6 — |
眨 眼 睛， 好 像 对 我 讲： 快 快 长 大，

$\underline{5\ 3}$ $\underline{2\ 3}$ | $\dot{6}$ — | $5.\ \underline{5}$ $\underline{1\ 1}$ | $\underline{1\ 2}$ $\underline{3\ 6}$ | $5.\ \underline{3\ 2}$ 1 — ‖
造 出 火 箭， 造 出 火 箭 飞 向 那 月 亮。

铃儿响叮当

1=G 4/4

$\dot{5}$ | $\underline{5\ 3}$ $\underline{2\ 1}$ $\underline{5.\ \underline{5}}$ $\underline{5\ 5}$ | $\underline{5\ 3}$ $\underline{2\ 1}$ $6.\ \underline{6}$ | $\underline{6\ 4}$ $\underline{3\ 2}$ $\underline{7.\ \underline{7}}$ |
冲 破 大风雪， 我们 坐在 雪橇上， 快 奔跑 过田野， 我们
在 一 两天之前， 我想 出外 去游荡， 那位 美丽 小姑娘， 她
如今 白 雪铺满地， 趁着 年青 好时光， 带上 心爱 的姑娘， 把

$\underline{5\ 5}$ $\underline{4\ 2}$ $\underline{3}$ $\underline{1\ 5}$ | $\underline{5\ 3}$ $\underline{2\ 1}$ $5.\ \underline{5}$ $\dot{5}$ | $\underline{5\ 3}$ $\underline{2\ 1}$ $6.\ \underline{6}$ |
欢笑 又歌唱： 马儿 铃声 响叮当， 令人 精神 多欢畅， 我们
坐在 我身旁： 那 马儿 瘦又老， 它 命运 多灾难， 把
雪橇 歌儿唱： 有 一匹 栗色马， 它 日行 千里， 我们

$\underline{6\ 4}$ $\underline{3\ 2}$ $\underline{5\ 5}$ $\underline{5\ 5}$ | $\underline{6\ 5}$ $\underline{4\ 2}$ $1.\ 0$ ‖: $\underline{3\ 3}$ $\underline{3\ 3}$ $\underline{3\ 3}$ | $\underline{3\ 5}$ $\underline{1\ 2}$ 3 — |
今晚 滑雪 真快乐把 滑雪 歌儿唱。 叮叮当，叮叮当， 铃儿响叮当，
雪橇 掉进 泥塘里害得 我们 遭了殃。
把它 套在 雪橇上就 飞奔 前方。

$\underline{4\ 4}$ $4.\ \underline{4}$ $\underline{4\ 3}$ $\underline{3\ 3}$ | $\underline{3\ 2}$ $\underline{2\ 1}$ 2 $5.$:‖ $\underline{5\ 5}$ $\underline{4\ 2}$ 1. ‖
我们 滑雪 多快乐， 我们 坐在 雪橇上， 坐在 雪橇上。

丰收之歌

1=C 4/4

| i 5 3 | 1 3 5 | 1 3 5 | i i |

田野上庄稼都已收割完毕，
辛苦的种田人将得到酬谢，

| 4 6 6 6 | 3 5 5 5 | 2 4 3 2 | 1 0 |

大麦小麦收进仓库干草堆成堆。
金黄的麦粒补偿他们一年的血汗。

| i 5 3 | 1 3 5 | 1 3 5 | i i |

果园里甜美的水果已摘完，
欢乐中别忘了旁人的苦难，

| 4 6 6 6 | 3 5 5 5 | 2 4 3 2 | 1 0 |

背起筐儿欢欢喜喜回家庆丰年。
让我们去帮助别人大方又慷慨。

| i i | 7 2 5 | 2 2 | i 3 5 |

采果的劳动者，不会白流汗
人人都高兴，到处歌舞欢

| 4 6 6 6 | 3 5 5 5 | 2 4 3 2 | 1 0 :|

新摘的果儿我们大家都来尝一尝。
唱着歌儿编成一个丰收的大花环。

剪羊毛

1=C　　　　　　　　　　　　　　　　　　　　　　杨忠信配歌

mf

3　3. 2 | 1 1 3 5 | i　i. 7 | 6　0 |
河　那 边 草 原 呈 现 白　色 一　片,
绵　羊 你 别 发 抖 呀 你　别 害　怕,

5　5. 6 | 5　3. 1 | 2　2. 3 | 2　0 |
好　像 是 白　云 从 天　空 飘　临!
不　要 担 心　你 的 旧　皮 袄!

3　3. 2 | 1 1 3 5 | i　i. 7 | 6　0 |
你　看 那 周 围 雪 堆 像 冬　天,
炎　热 的 夏 天 你 用 不 到　它,

2. i 7 6 | 5 4 3 2 | 1　i. 7 | i　0 |
这 是 我 们 在 剪 羊　毛, 剪 羊　毛。
秋 天 你 又 穿 上 新　皮 袄, 新 皮　袄。

2　2. i | 7　2 | i　3 | i　0 |
洁　白 的 羊　毛 像　丝 绵,

6　6 7 | i　7 6 | 5　i | 5　0 |
锋　利 的 剪　子 咔　嚓 响!

3 3 3 2 | 1 1 3 5 | i　i. 7 | 6　0 |
只 要 我 们 大 家 努 力 来 劳　动,

2. i 7 6 | 5 4 3 2 | 1　i. 7 | i　0 ‖
幸 福 生 活 一 定 来　到, 来　到!

B级

雪花和雨滴

1=D 2/4

佚名词曲

| 1 | 1 2 | 3 3 3 4 | 5 5 5 6 | 5 — |

(甲)是　谁　　敲　着　窗　户　沙　沙　沙　沙　沙，
(甲)是　谁　　敲　着　窗　户　嘀　嘀　嘀　嘀　嘀，

| 5 4 3 | 4 3 2 | 4 4 4 2 | 3 — |

(乙)是　我　　是　我，　我　是　小　雪　花，
(乙)是　我　　是　我，　我　是　小　雨　滴，

| 1 2 | 3 3 3 4 | 5 6 5 | 3 — |

(乙)我　从　　天　空　中　飘　下　来，
(乙)我　从　　天　空　中　落　下　来，

| 5 4 3 | 4 3 2 | 3 3 2 2 | 1 — ‖

(甲乙)告　诉　你　　告　诉　他，　冬　天　来　到　啦。
(甲乙)告　诉　你　　告　诉　他，　春　天　来　到　啦。

洋娃娃和小熊跳舞

1=D 2/4

波兰儿歌
姆·卡楚尔宾娜词
李嘉川译配

| 1 2 3 4 | 5 5 5 4 3 | 4 4 4 3 2 | 1 3 5 0 | 1 2 3 4 | 5 5 5 4 3 |

洋娃娃和小熊跳舞，跳呀跳呀一二一，他们在跳圆圈舞呀，
洋娃娃和小熊跳舞，跳呀跳呀一二一，他们跳得多整齐呀，

| 4 4 4 3 2 | 1 3 1 0 | 6 6 6 5 4 | 5 5 5 4 3 | 4 4 4 3 2 |

跳呀跳呀一二一。小熊小熊点点头呀，点点头呀
多整齐呀一二一。我们也来跳个舞呀，跳呀跳呀

| 1 3 5 0 | 6 6 6 5 4 | 5 5 5 4 3 | 4 4 4 3 2 | 1 3 1 0 ‖

一二一，小洋娃娃笑起来啦，笑呀笑呀哈哈哈。
一二一，我们也来跳个舞呀，跳呀跳呀一二一。

小海军

1=C 2/4

(5.　55｜5.　55｜5555 56｜5 5)｜1. 3 2 5｜
　　　　　　　　　　　　　　　　　　　　　我 是 小 海

1 3｜5. 5 5 6｜5 —｜3. 3 6｜5. 5 3｜2. 2 2 3｜
军，　开 着 小 炮 艇，　不 怕 风 不 怕 浪，勇 敢 向 前

2 —｜1. 3 2 5｜1 3｜5. 5 4 5｜6 —｜5. 5 6 6｜
进，　炮 艇 开 得 快，　大 炮 瞄 得 准，　敌 人 胆 敢

5 5 3｜X X｜X 0｜6. 6 6 5｜2 3｜1 0‖
来 侵 犯，轰！轰！轰！　打 得 它 呀 海 底 沉

卖报歌

1=F 2/4

安　娥 词
聂　耳 曲

5 5 5｜5 5 5｜3 5 6 5 3｜2 3 5｜5 3 5 3 2｜
啦 啦 啦　啦 啦 啦，我 是 卖 报 的 小 行 家，不 等 天 明 去
啦 啦 啦　啦 啦 啦，我 是 卖 报 的 小 行 家，大 风 大 雨 里
啦 啦 啦　啦 啦 啦，我 是 卖 报 的 小 行 家，耐 饥 耐 寒 地

1 3 2｜3 3 2｜6 1 2｜6 6 5｜3 6 5｜
等 派 报，一 面 走，一 面 叫，今 天 的 新 闻
满 街 跑，走 不 好，滑 一 跤，满 身 的 泥 水
满 街 跑，吃 不 饱 睡 不 好，痛 苦 的 生 活

5 3 2 3｜5 —｜5 3 2 3｜5 3 2 3｜6 1 2 3｜1 —‖
真 正 好，　七 个 铜 板 就 买 两 份 报。
惹 人 笑，　饥 饿 寒 冷 只 有 我 知 道。
向 谁 告，　总 有 一 天 光 明 会 来 到。

老师,老师 我爱你

倪 达 词
王 健 曲

1=D 3/4

3 4 5 5 | 6 6 5 - | 1 2 3 3 | 5 4 3 - | 3 2 1 6 | 1 2 3 5 0 |
春雨春雨 我爱你, 你的歌儿 甜蜜蜜, 唱得花儿 齐开放,
老师老师 我爱你, 你的花儿 甜蜜蜜, 教育我们 快快长,

6 6 5 5 | 2 2 1 - | 6 - 4 | 1 7 6 6 6 | 5 - 2 | 7 6 5 5 5 0 |
我们祖国 更美丽。 哎 啦啦啦啦啦,
长大为国 出大力。 哎 啦啦啦啦啦,

‖1. 6 6 5 3 | 2 - 2 | 1 - - :‖2. 2 - 5 | 1 - - | 1 0 0 ‖
 出 大 力。

春天在哪里

望 安 词
潘振声 曲

1=F 2/4

3 3 3 1 | 5 5 0 | 3 3 3 1 | 3 0 | 5 5 3 1 |
春天在哪里 呀？ 春天在哪里？ 春天在那
春天在哪里 呀？ 春天在哪里？ 春天在那

5 5 5 | 6 7 1 3 | 2 0 | 3 3 3 1 | 5 5 0 |
青翠的 山村 里。 这里有红花呀,
小朋友 眼睛 里。 看见红的花呀,

3 3 3 1 | 3 0 | 5 6 5 6 | 5 4 3 1 | 5 0 3 0 | 2 1 0 :‖
这里有绿草, 还有那 会唱歌的 小 黄 鹂。
看见绿的草, 还有那 会唱歌的 小 黄 鹂

4 4 4 4 5 | 6 6 6 0 | 2 2 2 2 2 | 5 - | 1 1 1 1 2 |
嘀哩哩嘀哩 嘀哩哩, 嘀哩哩嘀哩哩, 嘀哩哩嘀哩

3 3 3 0 | 5 5 5 5 5 | 2 - | 5 6 5 6 | 5 4 3 1 |
嘀哩哩, 嘀哩哩嘀哩哩, 春 天在小 朋友

2 5 | 1 3 0 | 5 6 5 6 | 5 4 3 1 | 5 0 3 0 | 2 1 0 ‖
眼睛里, 还有那 会唱歌的 小 黄 鹂。

数鸭子

1=C 4/4

中速 活泼地

王嘉桢 词
胡小环 曲

```
X X XXX | XX XXX 0 | XX XX XXX | XX XXX 0 |
```
(白)门前大桥下,游过一群鸭, 快来快来数一数,二四 六七八。

```
‖:(1 1 5 5 3 6 5 3 | 2 1 2 2 3 1 0) | 3 1 3 3 1 |
```
　　　　　　　　　　　　　　　　门 前 大 桥 下,
　　　　　　　　　　　　　　　　赶 鸭 老 爷 爷,

```
3 3 5 6 5 0 | 6 6 6 5 4 4 4 | 2 3 2 1 2 0 |
```
游过一群鸭, 快来快来数一数, 二四 六七八,
胡子白花花, 唱呀唱着家乡戏, 还会 说笑话,

```
3 1 0 3 1 0 | 3 3 5 6 6 0 | 1 5 5 6 3 |
```
咕 嘎 咕 嘎 真呀真多呀, 数 不清 到 底
小 孩 小 孩 快快上学校, 别 考个 鸭 蛋

```
2 1 2 3 5 - | 1 5 5 6 3 | 2 1 2 3 1 - :‖
```
多 少 鸭, 数不清到底 多 少 鸭。
抱 回 家, 别考个鸭蛋 抱 回 家。

```
X X XXX | XX XXX 0 | XX XX XXX | XX XXX 0 ‖
```
(白)门前大桥下,游过一群鸭, 快来快来数一数,二四 六七八。

粗心的小画家

1=C 2/4

许　浪 词
韩德常 曲

3 3　3 2 2 | 3 6 5 | 3 5　5 3 2 | 1 3　2 0 | 3. 2　3 5 |
丁 丁　说他是　小画 家，　彩色 铅 笔　一大 把，　他对　别人

3 6 5 | 6. 5　6 1 | 3 2 1 | 3. 2　3 2 | 1 3 2 |
把口 夸，　什么东西　都会画。　画只　螃蟹　四条腿儿，

3. 2　3 2 | 1 3 2 | 6. 5　6 5 | 4 6 5 5 | 6. 5　6 5 |
画只　鸭子　小尖嘴儿，　画只小兔　圆耳朵呀，画只大马

4 6　5 0 | X | 0 6 5　3 3 2 2 | 1　0 ‖
没尾 巴。　咦！　哈哈哈 哈哈哈 哈！

像个小学生

1=F 2/4

申　芳 词
鲁祖兴 曲

5 3 3 1 | 2　2 0 | 5 3 3 1 | 2　2 0 | 5 3 5 | 2 3 2 |
小手放放　好来，　眼睛睁睁　大来，　不说话，不乱动，

6 2 1 6 | 5　5 0 | 1 1 6 5 | 3 2 3 | 5 3 3 1 |
上课认真　听来，　老师夸我　守纪律，像个小学

2　2 0 | 5 5　6 0 | 5 5　3 0 | 2 1 6 2 | 1　1 0 ‖
生来，　来来 来，　来来 来，　像个小学　生来。

玩具进行曲

1=F 2/4

中速 行进地

日本童谣

| 1 $\underline{5\cdot 5}$ | 1 $\underline{5\cdot 5}$ | $\underline{1\ 2}$ $\underline{3\ 2}$ | 5 0 |

滴　嘀嗒嗒　嘀　嗒嗒，吹起　小喇　叭，
的　达达，的　达达，绕场　一　周，

| $\underline{5\ 6}$ $\underline{5\ 4}$ | $\underline{3\ 4}$ $\underline{3\ 2}$ | $\underline{1\ 2}$ 3 | 0 |

小玩具的　进行　曲嘀　嗒　嗒。
洋娃娃和　小鸽　子也嘀　嗒　嗒。

| 1 $\underline{5\cdot 5}$ | 1 $\underline{5\cdot 5}$ | $\underline{1\ 2}$ $\underline{3\ 2}$ | 5 0 |

木偶的个儿呀都是一般高，
法国的洋娃娃突然跳出来，

| $\underline{5\ 6}$ $\underline{5\ 4}$ | $\underline{3\ 4}$ $\underline{3\ 2}$ | $\underline{6\ 7}$ | 1 0 ‖

小狗小马也在一起嘀嗒嗒。
一吹笛子，锣鼓声就咚咚锵。

C 级

玛丽有只小羊羔

1=F 2/4

| $\underline{3\cdot\ 2}$ 1 2 | $\underline{3\ 3}$ 3 | $\underline{2\ 2}$ 2 | $\underline{3\ 5}$ 5 |

玛丽有只小羊羔，小羊羔，小羊羔，
不管玛丽到哪里，到哪里，到哪里，
一天玛丽同学到学校，到学校，到学校，
惹得老师把羊赶出去，赶出去，赶出

| $\underline{3\cdot\ 2}$ 1 2 | $\underline{3\ 3}$ 3 | $\underline{2\ 2}$ $\underline{3\ 2}$ | 1 — ‖

玛丽有只小羊羔，啊，小羊羔她。
羊羔总要跟着她，面啊，跟着她面。
羊羔雪白要能跟学校，啊学校。
羊羔怎不能进学，进学校。

两只小象

1=G 3/4
中速稍快

常 瑞 词
汪 玲 曲

| 1 3 5̇ 1 | 3 3 3 0 | 1 5̇· 5̇ 6̇ | 2 2 2 0 |

两只小象 哟啰啰， 河边走， 哟啰啰，
好像一对 哟啰啰， 好朋友， 哟啰啰，

| 3 1 3 1 | 6̇ 6̇ 6̇ 0 | 2 5̇ 2 | 3· 2 1 1 1 0 ‖

扬起鼻子 哟啰啰， 钩一钩 呀 哟啰啰！
见面握握手 哟啰啰， 见面握握手 哟啰啰！

小毛驴

1=C 2/4

林重同 词曲

| 1 1 1 3 | 5 5 5 5 | 6 6 6 i | 5 — | 4 4 4 6 | 3 3 3 3 |

我有一只 小毛驴，我从来也不骑， 有一天我 心血来潮，

| 2 2 2 2 | 5· 5 | 1 1 1 3 | 5 5 5 5 | 6 6 6 i |

骑着去赶 集； 我手里 拿着 小 皮 鞭，我 心里 正得

| 5 — | 4 4 4 6 | 3 3 3 3 3 3 | 2 2 2 3 | 1 — ‖

意， 不知怎么 哗啦啦啦啦，我 摔了一身 泥。

大 鹿

1=F 2/4

| 5̣ 1 1 2 | 1̣ 7̣ 2 | 5̣ 2 2 2 | 2 1 3 | 5̣ 1 1 2 |
大鹿站在 房子里， 透过窗子 往外瞧， 林中跑来

| 1̣ 7̣ 2 2 | 5̣ 5̣ 6̣ 7̣ | 1 — ‖: 5 5 5 5 | 5 4 6 |
一只小兔， 咚咚把门 敲。 "鹿呀鹿呀 快开门，

| 4 4 4 4 | 4 3 5 | 3 3 3 3 | 3 2 4 4 4 | 5̣ 6̣ 7̣ | 1 — :‖
林中老狼 追来了！""兔儿兔儿 快进来， 咱们手把手挽 牢。"

国旗多美丽

1=D 2/4

| 5 1̇ | 5 3 | 1. 2 3 4 | 5 — | 5 1̇ |
国 旗 国 旗 多 美 丽， 天 天
国 旗 国 旗 多 美 丽， 五 颗

| 5 3 | 4 3 1 | 2 — | 3. 4 | 5 6 5 |
升 在 朝 霞 里， 小 朋 友 们
星 星 照 大 地， 祖 国 前 进

| 6 5 6 | 3 — | 1. 3 5 5 | 6 5 | 6 2 3 | 1 — ‖
爱 祖 国， 向 着国旗敬 礼， 敬 个 礼。
我 长 大， 我 向 国旗敬 礼， 敬 个 礼。

开火车

1=C 2/4
活泼地

柯 岩 词
方 叶 曲

| 5 5 5 3 | 1 5 5 | 6 6 5 3 | 1 3 2 | 1 3 2. 3 |

1.（领）小板凳儿　摆一排，小朋友们　坐上来,（齐）坐上来　呀
2.（领）抱小娃娃的　前面坐，牵小狗的　往后挪,（齐）往后挪　呀
3.（领）穿大山呀　过大河，火车跑遍　全中国,（齐）全中国　呀
4.（领）哎呀呀　哎呀呀，你们到站　都不下,（齐）都不下　呀

| 1 3 2 | 6 6 6 5 3 | 6. 6 5 | 2. 3 5 6 | 3 2 |

坐上来,（领）我们的　火车　跑得　快呀　我当　司机把　车
往后挪,（领）皮球　积木都　摆好　呀　大家坐稳　就开
全中国,（领）大站　小站我　都停　呀，大家下车　别下
都不下,（领）收票　啦　　下去吧，　换批　旅客再　开

| 5 — | 1 1 1 1 | 3 3 3 3 | 5 5 5 5 | 1 — ‖

开。（齐）轰隆隆隆　轰隆隆隆　轰隆隆隆　呜！
车。（齐）轰隆隆隆　轰隆隆隆　轰隆隆隆　呜！
错。（齐）轰隆隆隆　轰隆隆隆　轰隆隆隆　呜！
车。（齐）轰隆隆隆　轰隆隆隆　轰隆隆隆　呜！

划小船

1=C 4/4
小快板

| 5 3 3 — | 4 2 2 — | 1 2 3 4 | 5 5 5 — | 5 3 3 — |

划小船　　划小船　　我们大家　多喜欢，　你也划

| 4 2 2 — | 1 3 5 5 | 3 — — — | 2 2 2 2 | 2 3 4 — |

我也划　　浪花多晶莹。　　　　　微风阵阵　吹过来，

| 3 3 3 3 | 3 4 5 — | 5 3 3 — | 4 2 2 — | 1 3 5 5 | 1 — — — ‖

伴随我们　在歌唱，　你也唱　　我也唱，　歌声在荡　漾。

爱运动的小宝宝

1=C 2/4

6 35 | 6 35 | 66 16 | 6 — |
我 喜欢 像 小鹿 一样 赛 跑,

6 35 | 6 35 | 33 21 | 2 — |
我 喜欢 像 小猴 一样 爬 高,

6 35 | 6 35 | 22 65 | 3 — |
我 喜欢 像 小兔 蹦蹦 跳 跳,

55 53 | 23 11 | 53 56 | 6 — ‖
我 是 一 个 爱 运 动 的 小 宝 宝。

我和奶奶去买菜

1=F 2/4

1 55 | 1 5 | 32 35 | 1 — 5 1 |
今 天的天 气 真呀真正 好, 我和

5 1 | 33 31 | 2 — | 11 3 5 5 |
奶奶 去呀去买菜。 鸡蛋圆溜溜呀,
　　　　　　　　　　 青菜绿油油呀,

11 13 | 5 5 | XX XX | XX XX | 1 55 |
母鸡咯咯 叫呀, 萝卜 黄瓜 西红 柿, 哎呀呀
鱼儿蹦蹦 跳哎, 蚕豆 毛豆 小豌 豆。

1 55 | 33 35 | 1 — ‖: X 0 ‖
哎 呀呀 拿也 拿不 了。　　　 嗨!

小星星

1=C 2/4

1 1	5 5	6 6	5 -	4 4	3 3
一 闪	一 闪	亮 晶	晶，	满 天	都 是

2 2	1 -	5 5	4 4	3 3	2 -
小 星	星，	挂 在	天 上	放 光	明，

5 5	4 4	3 3	2 -	1 1	5 5
好 像	许 多	小 眼	睛，	一 闪	一 闪

6 6	5 -	4 4	3 3	2 2	1 - ‖
亮 晶	晶，	满 天	都 是	小 星	星。

项目二　幼儿游戏创编与表演能力

一、培养理念

游戏是幼儿学习生活的主要内容和形式。让儿童在游戏中获得成长与进步,是学前教育的根本任务。基于此,幼儿游戏创编与表演专业特长的培养理念可概括为:按照专业能力特长培养要求设定目标,按照项目化要求选择培养内容,按照教学做一体化设计培养模式,按照发展性评价设定考核标准。

(一)重要性

1. 游戏是儿童的基本活动

《幼儿园工作规程》与《幼儿园教育指导纲要》中都明确提出:游戏是儿童的基本活动。在《幼儿园教师专业标准(试行)》中,明确把"游戏活动的支持与引导"定位为幼儿园教师的专业能力之一。要求幼儿教师应"充分利用与合理设计游戏活动空间,提供丰富、适宜的游戏材料,支持、引发和促进幼儿的游戏;鼓励幼儿自主选择游戏内容、伙伴和材料,支持幼儿主动地、创造性地开展游戏,充分体验游戏的快乐和满足;引导幼儿在游戏活动中获得身体、认知、语言和社会性等多方面的发展;提供符合幼儿兴趣需要、年龄特点和发展目标的游戏条件"。由此可见,幼儿游戏创编与表演能力是幼儿园教师必须具备的专业能力之一。在培养过程中,必须重视学生幼儿游戏创编与表演能力的培养,提升学生的职业岗位能力。

2. 专业特长基础项目

学校把培养目标定位为:"专长突出,技能过硬,素质全面"的技能型人才,实施以专长培养为主的"SQC"模式,即一项专长(S)、两种素质(Q)、三个能力(C)的一体化培养模式。结合我院"SQC"(专长、素质和能力)的人才培养模式和市场对学前教育专业的人才培养要求,在办学实践中,不断丰富完善基于校园共同体的"精学多练,突出专长"人才培养模式,知识催化技能,技能催生专长,根据省级教学改革项目《学前教育高职一生一专长培养研究》,引领专业特长生长,其中,幼儿游戏创编与表演能力是基础的专业特长项目。

（二）属性

幼儿游戏创编与表演能力是学前教育专业的学科技能。要求学生具备幼儿游戏创编与表演能力基本技能的基础上精学多练，通过技能训练、实践锻炼、竞赛促练、顶岗实练，涌现出一批熟练掌握游戏的创编与表演专业特长的优秀学生，以适应用人单位的迫切需求。在一年一度的毕业生双向选择招聘会上，许多用人单位普遍反映，学生的专业特长与职业岗位很难"零对接"，毕业生到幼儿园后大都需要"二次培养"。因此，必须改变传统的学科教学，在校期间练就岗位所需各项专业特长能力。带领幼儿展开各类游戏并对幼儿的游戏进行有效指导和评价，是幼儿园教师的重要能力之一。

（三）培养思路

游戏创编与表演的专业特长，主要依托游戏课程培养，可概括为：突出一条主线，兼顾三维目标，把握四个重点。

1. 一条主线

培养学生的游戏专项能力。

2. 三维目标

培养目标是一切课程设置的出发点，也是最终归宿。办学实践中我们反复思考：游戏课程的最终目标能让孩子得到什么？最终我们认为，达成的目标不应该是单一的，应该是多维目标。

知识目标：明确幼儿园游戏的环境与条件的创设要求；理解与掌握幼儿园游戏的分类指导要点。

技能目标：掌握游戏创编、游戏组织实施、游戏有效指导的技巧和策略；锻炼学生的独立思考能力、合作学习能力、语言表达能力等。

情商目标：培养学生的责任意识、组织协调能力；提升学生人际交往能力及沟通交流技巧；培养学生大胆自信、善于合作分享的团队精神等。

3. 四个重点

（1）有效组织指导游戏。能够根据各类游戏的特点和指导要求，上一堂高质量的游戏课，遇到问题能够灵活处理。

（2）高质量设计创编游戏。在模仿的基础上，学会开发、设计创编各类游戏教学案例。这是新课程背景下对教师的新要求。教师作为课程开发者，必须掌握对教材二次开发的能力,会设计教学,不能只会做传声筒、应声器。

(3)熟练合作表演游戏,即模拟课堂。将开发的典型游戏案例,以小组为单位进行现场展示,让学生在一个虚拟的时空中表演并展示出来。通过换位思考,增强对游戏的感性体验。模拟不同于实战,从理想角度讲,实战环境最好到幼儿园,但受限于条件的制约。模拟课堂是一个跳板,虽然做不到零距离,但可以有效减少应用差距。

(4)全面评价反思游戏。对开发的游戏及现场展示的情况,进行全面、科学的现场点评。通过小组自评、小组间互评、教师点评等形式,实现在反思中进步、在总结中成长。

二、培养标准

(一)培养目标

游戏创编与表演专业特长培养的出发点是让学生有效地掌握游戏相关理论知识,帮助学生理解和掌握各类游戏的特点以及组织与指导的技巧,在此基础上,重点发展学生的游戏创编与表演能力。

能力目标:通过开展角色游戏、结构游戏、表演游戏、规则游戏等教学训练项目,练就学生突出的创编、组织实施及有效指导游戏的能力。

知识目标:熟练掌握游戏的基本理论;明确幼儿游戏的分类和发展特点;掌握幼儿园游戏环境的创设原则和要求;明确掌握幼儿园游戏的分类指导要点。

素质目标:培养学生的责任意识,组织协调能力;提升学生人际交往能力及沟通与交流技巧;培养学生大胆、自信、善于合作分享的团队精神。

(二)教学标准

1. 教学项目具体化及培养标准

根据突出幼儿教师专业特长和能力培养目标的要求,将幼儿游戏创编与表演这项专业特长细分为八个项目化教学内容:

项目一 游戏概述与环境规划 项目二 角色游戏创编与表演;
项目三 建构游戏创编与表演 项目四 表演游戏创编与表演;
项目五 益智游戏创编与表演 项目六 音、体游戏创编与表演;
项目七 主题游戏创编与表演 项目八 幼儿园教材选讲与实践观摩。

具体培养标准见下表:

表 2-1 幼儿游戏创编与表演各项目及培养标准一览表

项目	项目名称	知识标准	素质标准	能力标准
1	游戏概述与环境规划	了解游戏的基本理论；了解游戏环境的意义和创设要求。	培养学生独立思考分析的能力；提高安全意识，增强合作探索和解决问题的能力。	能够结合基本理论分析判断游戏行为；能够结合游戏环境创设要求进行简单的室外和室内环境创设。
2	角色游戏的创编与表演	了解角色游戏的特点和指导方法。	增强学生重视角色游戏、教育价值的意识。	掌握角色游戏创编与表演的能力。
3	建构游戏的创编与表演	了解建构游戏的特点和发展阶段。	重视建构游戏在儿童智力等方面发展的作用。	掌握建构游戏的指导方法，学会进行结构游戏的创编。
4	表演游戏的创编与表演	了解表演游戏的含义、特点和教育作用。	增强表演能力和指导意识。	能够根据不同年龄班的特点采取不同的指导方法。
5	益智游戏的创编与表演	明确智力游戏的特点和指导要求。	明确智力游戏在幼儿成长中的意义和价值。	能够根据智力游戏的规则创编智力游戏教案，并组织、评价游戏。
6	音、体游戏的创编与表演	熟悉幼儿园常见的音乐游戏和体育游戏的类型、特点。	了解音乐游戏和体育游戏对幼儿成长的意义和价值。	能够根据规则和要求创编智力音体游戏教案，并组织、评价游戏。
7	主题游戏的创编与表演	掌握主题游戏的特点和指导方法。	增强主题意识，能够将幼儿园的主题活动与游戏有机结合起来。	能够根据规则和要求创编主题游戏教案，并组织、评价游戏。
8	幼儿园教材选讲与实践观摩	熟悉幼儿园小、中、大班使用的教材，了解模拟课堂与实际一线教学的差距。	增加对幼儿园课程的了解，为职业生涯做好准备。	能够熟练地组织各年龄段幼儿展开丰富多样的游戏活动。

2. 项目进程表

表2-2 幼儿游戏与创编能力各项目进程表

周次	学时	单元标题	项目编号	能力/知识目标	师生活动	其他(含考核内容、方法)
1~2	8	游戏概述与环境规划	1	1. 熟悉课程定位,清楚为什么学、学什么、怎样学、怎样考评;加强学习的定向引导。2. 懂得游戏对幼儿的重要性,理解游戏环境规划的意义。3. 了解游戏环境规划的基本要求,会初步设计规划环境。	借助图片学习游戏环境的定义以及所包括的内容,学习游戏环境规划的基本要求。	根据所学绘制一份幼儿园户外游戏规划图;以小组为单位根据室内区域规划的要求进行墙面设计或区角设计。
3~5	12	角色游戏的创编与表演	2	1. 了解角色游戏的特点和指导方法,增强学生重视角色游戏教育价值的意识。2. 掌握角色游戏创编与表演的能力,发展评价能力。3. 寻找模拟课堂与幼儿园一线游戏活动的差距,反思改进自己的指导能力。	了解角色游戏的特点和不同年龄班角色游戏的指导方法。通过模仿、创新等形式掌握角色游戏创编的方法;通过与幼儿园老师交流,学习指导技巧。	设计一份角色游戏教案,模拟组织幼儿进行一次角色游戏,到幼儿园观摩一堂游戏课。
6	4	结构游戏的指导与创编	3	1. 了解结构游戏的特点和发展阶段,重视结构游戏在儿童智力等方面发展的作用。2. 掌握结构游戏的指导方法,学会进行结构游戏的创编,发展评价能力。	通过设计教案、课堂模拟表演、点评,掌握结构游戏的指导方法,学生自行设计结构游戏。	以小组为单位制作七巧板并介绍玩法。

续表

周次	学时	单元标题	项目编号	能力/知识目标	师生活动	其他(含考核内容、方法)
7~8	8	表演游戏的指导与创编	4	1.了解表演游戏的含义、特点和教育作用。 2.能够根据不同年龄班的特点采取不同的表演游戏的指导方法和创编方法。 3.增强表演能力和指导意识。	通过设计教案、课堂模拟表演、点评,掌握表演游戏的指导方法和创编技巧。	创编、表演、评价一个表演游戏。
9~10	8	益智游戏的指导与创编	5	1.了解益智规则、游戏的种类。 2.能够根据智力游戏的规则创编智力游戏教案,并组织、评价游戏。 3.增强规则意识,明确规则在幼儿游戏中的意义。	通过设计教案、课堂模拟表演、点评,掌握智力游戏的特点和指导方法。	制作幼儿游戏棋或迷宫,设计一份大班智力游戏教案。
11~12	8	音、体游戏的指导与创编	6	1.了解音、体游戏的种类;增强规则意识,明确规则在幼儿游戏中的意义。 2.能够根据规则和要求创编智力音体游戏教案,并组织、评价游戏。	通过设计教案、课堂模拟表演、点评,掌握音、体游戏的特点和指导方法。	设计一份中班体育游戏教案。

续表

周次	学时	单元标题	项目编号	能力/知识目标	师生活动	其他(含考核内容、方法)
13~14	8	主题游戏的指导与创编	7	1.会设计主题网络图。2.能够根据规则和要求创编主题游戏教案,并组织、评价游戏。	通过设计教案、课堂模拟表演、点评,掌握主题游戏的特点和指导方法。	设计一份大班主题游戏教案。
15~16	8	幼儿园游戏教材选讲、实践观摩	8	掌握幼儿园游戏课程的出现形式;观摩反思模拟课堂与一线课堂的差距,缩短与幼儿园的差距。	通过选讲,增加对幼儿园课程的了解,为职业生涯做好准备。	系统反思游戏课应该怎样上,写出心得体会。

3. 项目分解举例——项目二　角色游戏创编与表演

表2-3　角色游戏创编与表演项目教学任务分解表

教学任务	熟悉角色游戏→设计、创编角色教案→表演角色游戏→观察、指导角色游戏→评价角色游戏。
分解任务一	明确角色游戏的概念、特点及常见类型。
分解任务二	以"娃娃家"、"医院"、"超市"为题,分小组设计角色游戏教案。
分解任务三	分小组模拟表演角色游戏,教师对角色游戏进行观察指导。
分解任务四	通过小组自评、小组互评、教师评价三个维度对角色游戏进行评价。

三、培养模式——基于教学做一体化的六段式教学模式设计

在游戏专业特长培养的具体实施过程中,贯彻教、学、做一体化设计理念,按照"讲、摩、编、演、评、验"六段式教学模式,在每个项目的学习中,学生可以灵活运用讨论法、案例分析法、小组合作法等多种学习方法。

"讲",是指教师结合有关游戏案例,把游戏项目实施中应该注意的问题向学生讲解清楚,用理论指导具体实践,加强学生组织、指导、创编游戏的针对性。讲述也是有用的,必要的,现在有一个误区是轻视讲述,从一个极端走向另一个极端。没有理论指导的实践是盲目的。讲不是问题,关键是怎么讲。讲要精讲,要紧扣项目进行,注重实效。不盲目追求内容的深度和体系,强调理论够用为度。重点讲清各类游戏的创编思路以及组织、指导要领。对与学生专项能力联系不大的理论知识,可以不讲或略讲。

"摩",是指运用多媒体观摩典型游戏视频案例,增强学生对游戏组织、指导的感性体验。一线的、模拟的、历年来学生们到幼儿园实际应用的游戏都是可观摩的案例。

"编",是指在熟知各类游戏特点的基础上,以小组为单位开发创编相关游戏案例,实现由入格到出格的转变。教师可提前布置任务,查阅资料、编写案例等大量工作留在课外完成。这一环节,不但是游戏课程教学的必需,其他如考编、资格证都非常有用。

"演",是指将自己创编的游戏案例进行现场展示,实现想与做的有机结合,有效强化学生对游戏的组织实施能力。

"评",是指对现场展示进行反思、评价,从中发现问题,改进设计方案,进一步提升组织实施游戏的水平。

"验",是指到幼儿园观摩一个游戏,上一堂游戏课,在实战中找出差距。

六段式教学模式的实质就是教学做一体化。该模式改变了老师讲学生听的模式,遵循从实践到理论,再从理论到实践的认知规律,实现理论与实践相互融合,有效将课堂教学与未来工作环境融为一体,在真实或者虚拟的环境里,让学生感受情景教学的氛围。这种教学模式能使理论知识的学习与实际操作的训练紧密结合,使教学内容更具有针对性,教学过程更具有实效性,更能有效激发学生学习的积极性。

六段式教学模式的优势:

第一,加强了理论与实践的融合。上述各环节打破了传统教学模式采取理论课程在先、实践课在后的做法。边教边学边做,使得理论教学和实践教学不仅在时间上融为一体,而且理论教学与实践教学的空间也融为一体,即将理论教学转移到游戏实训室进行,课堂就是实训室。

第二,融教、学、做于一体,有利于培养学生的动手能力。这种教学模式融教、学、做为一体,教学不仅仅限于课堂,而且将教学向课前、课后延伸,能将课前准备、课内交流、课后反思、课外操作有机结合起来,学生既要思考,又要动手,因而既有利于知识的掌握,又有利于能力的形成。

第三,有利于发挥学生的主体性。在边教和边学的过程中,始终以教师与学生的合作学习为主。教师发挥主导作用,通过及时获得学生的反馈信息,进行有针对性的示范指导,学生则积极参与活动。在所有的活动中,老师是配角,是学生活动的指导者,学生则是主角。游戏的创编设计、表演展示、点评改进都由学生完成,老师仅仅是一个帮助者,作用是你看不到的我帮助你看到,你做得不好的我点出来,最终的目的是你能做到、做好。

第四,有效地提高了专项职业能力。美国华盛顿儿童博物馆的格言:"我听见了就忘记了,我看见就记住了,我做了就理解了。"六段式教学的重点不在于知识的获得,而在于是否真正形成了实际操作能力。在一个个游戏创编项目的完成中,在一场场游戏表演的实践中,学生得到了更加开放、自由表达和展现自我的机会;学生的发散思维和创新意识被激活了,自我感悟加深了;最重要的是知道游戏课该怎么上了,知道了游戏中容易出现的问题有哪些,知道了遇到这些问题该如何处理。这种学习,使学生获得了超越书本上的知识,对知识的理解和掌握更加深刻,其动手操作的能力得到极大提升。

此外,高标准的幼儿游戏实训室为模拟课堂提供了强力支撑。

四、考核标准

在幼儿游戏创编与表演能力的考核上,彻底改变了一卷定终身的传统考核评价办法,紧扣学生专项能力培养,变终结性评价为发展性评价。该专项能力的考核评价包括三部分:游戏创编(40%)、游戏表演、点评(40%)、游戏能力实践检验(20%)。

(一)游戏创编

标准:游戏的主题、目标、作用、背景(环境、材料准备)、过程、评价等流程要完整;游戏环境与条件的创设要适宜;主题鲜明,富有生活性、时代性;情节丰富、生动,富有故事性、趣味性;教师的指导性强。组织指导要做到科学合理:一是会观察;二是会找指导的时机;三是现场指导的策略要高;四是指导效果要好,能够丰富和推动游戏的发展;五是符合各类游戏的具体要求,特点鲜明;六是符合幼儿年龄特点。

(二)游戏表演

以创编的游戏案例为蓝本,以强化学生对游戏的组织实施能力为重点,以小组为单位进行现场展示,成绩占总成绩的40%。

表2-4 游戏表演评价标准一览表

项目＼等级	很好	较好	一般
游戏环境创设的适宜性、引导性	5分	4分	3分
游戏展现的合理性、科学性、创新性、丰富性	5分	4分	3分
游戏的趣味性、愉悦性	5分	4分	3分
游戏过程、环节的完整性	5分	4分	3分
游戏的教育性、主体性、发展性	5分	4分	3分
各类游戏的特点的突出性	5分	4分	3分
教师指导的适应性	5分	4分	3分
游戏展示的儿童性	5分	4分	3分
小组成员的合作性、表达的流畅性	5分	4分	3分
学生参与的积极性	5分	4分	3分

(三)游戏能力实践检验

在能力培养的最后阶段,要求学生到幼儿园实际观摩、亲身实践,实施自己创编的游戏方案,观察是否可行,存在哪些问题,与幼儿园老师组织的游戏活动相比还存在哪些差距。以小组为单位撰写一份详细的游戏调查报告,谈体验、谈差距、谈反思,从而实现理论与实践的真正结合,切实形成专项能力。

需要特别指出的是,在考核学生游戏创编与表演能力是否达成时,并非由教师一人进行专断性、结论性的评价,而是不断改革创新,采用新型的评价方式,力求使评价更为全面、客观、准确。

首先,采用老师与学生评价结合的方式,增加学生评价的比重(像期末现场展示,老师与学生评审团各占50%)。

其次,将结论性评价与过程性评价结合,增加过程性评价;幼儿游戏创编与表演能力的培养主要通过"幼儿游戏"课程的实施来完成。因此,能力的考核标准与课程的考核评价是联系在一起的。从课程开始之日起,学生每次的出勤、每次作业是否如期完成、完成的质量怎样,每次模拟课堂的表现,比如参与的积极性、表现的好坏都记录下来,作为凭证。过程评价表如下:

表2-5　幼儿游戏创编与表演能力考核过程评价表

班级：　　　　　　　　小组名称：　　　　　　　　小组成员(学号)：

游戏名称	创编评价记录	表演评价记录	得分

另外,将小组团队评价与个人评价结合,增加小组评价的权重。主要采用团队激励的方式。强调小组成功需要每一个小组成员的努力。这就要求每一位同学明白仅仅自己优秀是不够的,还要帮助同组的人优秀,组内某一个同学出彩,除了自己加分,本组同样也加上相应分数;反之,一个同学表现不好,不仅影响自己的成绩,还会拖小组的后腿。事实表明,这不仅是一种学习方式,更是一种生活方式。学生要适应未来工作岗位要求,不仅需要扎实的专业能力,还需要较高的非专业素质,比如合作。这些能力不能自行解决,必须在教学、评价中有意识地加以引导。

项目三　幼儿舞蹈表演与创编能力

一、培养理念

随着我国高等教育的快速发展,每年高校毕业生的数量急剧增加,就业难成为一个突出的社会问题。然而学前教育专业毕业的学生却格外抢手,这是因为近年来国家高度关注学前教育的发展,加大对学前教育的投入,提高了幼儿教师的地位与待遇,但是幼儿教师配备还有很大的不足。在这样大好的就业前景下,如何培养高素质的技能型幼儿教师显得尤为重要。

幼儿舞蹈与创编是学前教育专业的一门专业必修课程,并且属于核心课程。幼儿舞蹈表演与创编能力的专长培养是以《幼儿舞蹈与创编》为依托,在此基础上贯彻落实我院"一生一专长"的人才培养模式,旨在进一步提升学生的幼儿舞蹈表演与创编能力。幼儿舞蹈表演与创编能力的专长培养不同于专业院校的专业舞蹈课,也不同于中小学的舞蹈美育课,更不同于舞蹈爱好者的舞蹈培训班。它是根据社会需要,为培养合格的优秀幼儿教师而服务的。这就要求我们以幼儿园实际工作出发,总结分析在幼儿园实际工作中对幼儿教师舞蹈能力的具体要求,改进教学内容及教学方法,做到更加有针对性地培养学生幼儿舞蹈的表演与创编能力的职业能力。

（一）重要性

1. 从国家相关的规章制度来看

2012年,党的十八大再次提出办好学前教育和加强师资队伍建设,这充分说明了国家对学前教育的重视和对教师队伍建设的高度关注。从国家教育部到各地方都做了很多工作,出台了相应的政策和执行标准。比如,国务院颁布的《当前发展学前教育若干意见的通知》、《幼儿教师专业标准（试行）》、《幼儿园工作规程》、《幼儿园教育指导纲要》、《3~6岁儿童学习与发展指南》等。学前教育迎来了前所未有的大好发展机遇,而加快建设一支高素质的幼儿教师队伍是关系到学前教育事业发展的关键。其中《幼儿园教师专业标准》里面明确提出:"幼儿教师必须具有相应的艺术欣赏与表现知识。"《3~6岁儿童学习与发展指南》中提到:"喜欢欣赏多种多样的艺术形式和作品,喜欢进行艺术活动并大胆表现,具有初步的艺术表现与创造能力。幼儿教师要尊重幼儿自发的表现和创造,并给以适当的指导。"舞蹈是艺术表现的重要形式之一,在舞蹈学习中,我们设置了中国古典舞、中国民族民间舞、幼儿舞蹈等多种形式的舞蹈学习内容,来开阔学生眼界,丰富学生舞蹈知识,提高学生的舞蹈表现力。

《幼儿园教师专业标准》中还提出:"幼儿教师应该具有团队精神,积极展开合作与交流,应具备沟通与合作能力;善于倾听,和蔼可亲,与幼儿进行有效的沟通;与同事合作交流,分享经验和资源,共同发展;与家长进行有效的沟通合作,共同促进幼儿发展。"在专长培养过程中,我们通过分组学习、创编舞蹈、组织学生排练舞蹈节目等形式,加强学生交流合作,培养学生的合作意识,提高学生的合作能力。

因此,幼儿舞蹈表演与创编能力是幼儿园教师必须具备的专业能力之一。

2. 从学院"SQC"的人才培养模式来看

学校将培养目标定位为培养"专长突出,技能过硬,素质全面"的技能型人才,实施以专长培养为主的"123"模式(SQC),即一项专长(S)、两种素质(Q)、三个能力(C)的一体化培养模式。结合"SQC"的人才培养模式和市场对学前教育专业的人才培养要求,以山东省教学改革研究项目《高职学前教育专业"一生一专长"人才培养模式改革研究》为引领,我们将本专业的人才培养目标落实到与幼儿教师工作岗位密切相关的14项学前教育职业能力,其中,幼儿舞蹈表演与创编能力是重要的组成部分。

3. 从学前教育专业的人才培养模式来看

秉承"育爱心点亮智慧,铸能力成就未来"的办学理念,以培养高素质技能型幼儿园教师为目标,自2001年新增学前教育专业以来,学校一直根据国家方针政策与幼儿园的实际需要多次整改修订人才培养方案。根据学前教育专业培养目标和幼儿园教师职业标准,确立了"精学多练,突出专长"人才培养模式,确定"弹、唱、舞、说、画、做"等六项基本技能,初步形成"一生一专长",实现幼儿园教师"一专多能"培养目标。幼儿舞蹈表演与创编能力为其中一项专长能力。只有扎实掌握了"跳"的技能,才能在幼儿园的一日生活、学习中设计运用律动游戏来辅助教学。在幼儿园日常生活中,例如早操、教学活动、户外活动、游戏等都离不开舞蹈技能的灵活运用,适当地运用歌舞表演及律动能更加迎合幼儿活泼好动的天性,使得活动更加生动有趣,能够有效地吸引孩子们的注意力。

（二）属性及其分析

幼儿舞蹈表演与创编能力属于学前教育专业学科技能之一。幼儿教师的工作对象是3~6岁的幼儿，活泼好动、爱唱爱跳是他们的天性。具备一定的舞蹈能力是幼儿园教师开展工作的重要条件，也是对高素质技能型幼儿园教师的基本要求。但是幼儿舞蹈表演与创编能力的培养属于专长培养，它不同于学前教育专业舞蹈基础技能课，不同于专业院校的专业舞蹈课，也不同于中小学的舞蹈美育课，更不同于舞蹈爱好者的舞蹈兴趣班，它是围绕学前教育专业培养目标，根据社会需要，在学前教育专业舞蹈基础技能上有所提升，最终为培养高素质技能型的幼儿园教师而服务的。

（三）如何培养幼儿舞蹈表演与创编能力

学前教育舞蹈专长培养，虽然要在一定程度上提高学生的艺术素质，但根本目标在于培养学生的艺术教育能力及幼儿舞蹈的创编能力。它是为了学生们能在今后的幼儿园教学中运用所学的舞蹈知识对幼儿进行美育教育。这就要求高职院校从学前教育专业出发确定培养目标，以幼儿园实际工作为导向选择教学内容，以尊重学生个性发展为中心创新教学模式，以课堂教学与社会实践相结合确定综合性考核标准。可概括为：围绕学前教育专业特色，以强化实用性舞蹈能力为主线，实现学生可持续发展。

1. 围绕学前教育专业特色

围绕学前教育专业特色，是指幼儿舞蹈表演与创编专长培养内容要抓住学前教育专业这个大方向不偏离。幼儿舞蹈教育不同于专业院校舞蹈教育，是相对独立的一种训练系统，而其中的幼儿舞蹈专长能力培养更要与高等舞蹈教育相分离，高职教育的学前教育专业不是培养舞蹈演员和舞蹈编导，而是培养具有专业素养的幼儿教师。本专长的培养针对的是学前教育专业的学生，在内容的选择上一定要紧紧围绕学前教育专业特色。

2. 以强化实用性舞蹈能力为主线

培养舞蹈专长是为了培养学生们的创造性思维和创新能力，并能根据幼儿的特点进行舞蹈创编，以辅助日常教育教学活动。首先，要认真完成全面的舞蹈基础训练，掌握好舞蹈基本功的训练方法；然后，就是学习大量的幼儿舞蹈，让学生掌握足够的、实用的幼儿舞蹈内容，实现由"会跳"到"会演"再到"会编"的转变，最后还要采用灵活多样的教学方法，逐步提高学生的幼儿舞蹈创编能力。

3. 实现学生可持续发展

实现学生可持续发展，是指关注学生幼儿舞蹈实用性能力的可持续发展。毕竟学校教给学生的舞蹈知识是有限的,在教学中我们要培养学生的自学能力以及终身学习的意识。

二、培养标准

(一)培养目标

实现教学项目化,教学做一体化,以幼儿舞蹈表演与创编能力培养为主线,完成舞蹈基本功、民族民间舞、幼儿舞蹈、舞蹈创编等项目的教学与能力训练,形成初步的服务于学前教育一线的应用成果,提升学生在学前教育领域可持续发展的能力。具体分为以下三个目标:

1. 知识目标

掌握幼儿舞蹈基础知识;指导幼儿舞蹈的教学目的和任务;了解幼儿舞蹈的特点与表现形式;掌握幼儿基本舞步、律动与组合;掌握幼儿律动、歌表演、集体舞、表演性舞蹈等创编方法。

2. 能力目标

会跳——能为幼儿做出正确优美的示范;

会教——有教授幼儿舞蹈和科学指导幼儿学习舞蹈的能力;

会编——有自编自导幼儿歌舞和指导幼儿舞蹈活动的编导能力。

3. 情感目标

了解幼儿舞蹈能力在幼儿园教育中的重要意义;具备良好的舞蹈审美能力;具有良好的语言表达能力;具有乐于创编幼儿舞蹈的创造性思维和创新能力;具有敢于大胆自信地表现自己、善于合作分享的团队精神。

(二)教学标准

通过对近几年毕业生问卷调查的发放和回收,实习期间的指导交流,结合教学实践,将幼儿园实际工作中幼儿舞蹈表演与创编能力总结为以下几个方面:

(1)必须具备组织幼儿园日常教育教学活动所需要的律动、歌舞表演动作创编能力,并达到信手拈来的熟练程度。

(2)熟悉、了解幼儿的特点,能够为不同年龄段的幼儿编排相应的幼儿歌舞表演节目。

(3)具备良好的组织教学的能力,能够灵活运用适合幼儿年龄特征的教学手段及方法。

(4)具备一定的舞蹈表演能力,能够胜任各种歌舞节目表演及排练的工作。

通过对幼儿园实际工作中舞蹈能力的分析,可以看出幼儿歌表演和律动创编是最基础也是在工作中运用最多的能力,要特别加强这方面的训练,让学生掌握大量的幼儿律动和歌表演动作素材,以便为能够灵活创编幼儿律动和歌表演动作做好准备。

另外,作为一名合格的幼儿教师,还必须具备一定的舞蹈表演能力,能够完成幼儿园各种文艺汇演的表演及比赛。因此,在学习幼儿舞蹈之前,必须对学生进行全方位的舞蹈基础训练,以开阔学生的眼界,丰富学生的舞蹈语汇,培养学生的动作协调能力及对节奏的准确把握,从而提高学生的舞蹈表现力,开发和解决形体的直立优美,为幼儿舞蹈的学习与创编打好基础。

表 3-1 教学任务及内容一览表

专长项目教学任务一	舞蹈基础训练
分解任务一	芭蕾舞基训
教学内容	芭蕾基训中的压腿、踢腿、脚背训练。掌握科学规范的压腿、踢腿方法,发展腿部肌肉的柔韧性;塑造身体的直立感、挺拔感、延伸感。
分解任务二	幼儿舞蹈基训动作组合
教学内容	头、颈、肩、腰、腿、胯等部位的动作训练组合。掌握幼儿基本功训练的方法。
分解任务三	中国古典舞身韵基本元素训练,掌握用气息带动肢体动作的韵律,最大限度地对上身躯干进行开发训练。
教学内容	1. 提、沉、冲、靠、含、腆、移等单一元素训练。 2. 短句训练:《提沉》、《冲靠与旁移》、《含腆仰》、《横移转腰》。
分解任务四	中国古典舞训练:将古典舞元素运用到动作中,有效开发身体动作的流畅性、呼吸性、延伸性、韵味性。
教学内容	组合训练:《基本脚位》、《基本手位》、《基本舞姿》。

续表

专长项目教学任务二	中国民族民间舞
分解任务一	傣族舞蹈
教学内容	1. 傣族舞基本手型。 2. 基本脚位与步伐训练。 3. 基本手位与常用手臂动作。 4. 综合组合《竹林深处》。 5. 幼儿表演性组合《金孔雀》。
分解任务二	藏族舞蹈
教学内容	1. 屈伸训练《翻身农奴把歌唱》。 2. 踢踏组合《金色的太阳》。 3. 藏族幼儿舞蹈《马兰谣》。
分解任务三	维族舞蹈
教学内容	1. 维族手位与绕腕。 2. 维族基本步伐。 3. 综合训练《古丽》。 4. 维族幼儿舞蹈《长辫子》。
分解任务四	蒙古族舞蹈
教学内容	1. 蒙古族手位与硬腕训练。 2. 蒙古族肩训练组合。 3. 表演性组合《鸿雁》。 4. 蒙古族幼儿舞蹈《小马步舞》。
专长项目教学任务三	幼儿舞蹈基础训练
分解任务一	幼儿舞蹈基础知识
教学内容	学习幼儿舞蹈的定义、教育意义、特点及分类。

续表

分解任务二	幼儿舞蹈基础训练
教学内容	1. 幼儿舞蹈基本舞步:走步、踮脚走、平踏步、小碎步、跑跳步、后踢步、踵趾步、蹦跳步、点步、娃娃步、十字步、进退步、踏踏步、错步、前踢步等。 2. 幼儿舞步组合《我上幼儿园》。
分解任务三	幼儿律动及组合
教学内容	1. 知道幼儿律动的定义、分类及内容。 2. 幼儿律动组合《小鸡啄米》、《蹦蹦兔》、《西瓜》、《打花巴掌》、《数鸭子》、《跳皮筋》、《我的小小手》、《我是小画家》、《小蜗牛》、《小鼠上灯台》。
专长项目教学任务四	幼儿舞蹈创编
分解任务一	幼儿律动的创编
教学内容	1. 幼儿律动创编的步骤。 2. 提供音乐,创编幼儿律动:《我上幼儿园》、《妈妈我要亲亲你》、《找朋友》、《拍拍手,跺跺脚》、《小小兵》、《我是一个粉刷匠》。
分解任务二	幼儿歌表演的创编
教学内容	1. 幼儿舞蹈表演的创编方法。 2. 提供音乐,创编歌表演:《爱我你就抱抱我》、《小毛驴》、《我的好妈妈》、《拾豆豆》、《健康歌》、《虫儿飞》、《一只哈巴狗》。
分解任务三	幼儿集体舞蹈的创编
教学内容	1. 幼儿集体舞蹈表演的创编方法。 2. 提供音乐,分小组创作集体舞:《小兔子跳跳跳》、《拜年》、《三字经》、《娃哈哈》、《小燕子》、《迷路的小花鸭》。
分解任务四	幼儿表演舞的创编
教学内容	1. 幼儿表演舞的创编步骤及原则。 2. 小组讨论,确定题材,构思作品,选择音乐,设计主题动作,分组表演。参考音乐:《赶海的小姑娘》、《喜羊羊与灰太狼》、《小蚂蚁》。

表 3-2 教学标准一览表

序号	项目名称	知识标准	能力标准	情感标准
1	舞蹈基础训练	1. 芭蕾舞基训和古典舞基训的训练方法。包括：清楚每个基训组合的训练目的；清楚每个动作的规格要领、容易出现的问题；如何把正确的方法教给幼儿。 2. 中国古典舞身韵元素及短句训练。包括：提、沉、冲、靠、含、腆、移等动作元素及与手位脚位的配合。 3. 幼儿舞蹈基训动作组合。包括：头、颈、肩、腰、腿、胯等部位的动作训练组合。	1. 通过芭蕾舞基训克服身体的自然体态，获得正确的直立感、软开度及力度。 2. 通过古典舞基训训练身体的协调性和动作的韵律感、延伸感，掌握舞蹈动作的基本运动规律。 3. 掌握幼儿舞蹈基本功的训练方法。	感受舞蹈优美的律动与姿态，形成初步的审美情趣。
2	中国民族民间舞	1. 掌握傣族舞手型、脚位、手位、手臂动作。 2. 掌握藏族舞的手位、脚位等基本动作，掌握弦子、踢踏等训练组合。 3. 掌握维族舞基本手型、手位、步伐等基本动作及短句训练组合。 4. 掌握蒙古族舞硬腕及肩训练动作。	通过对各民族舞蹈动作的学习，发展肢体协调能力，至少能够完整富有感情地表演其中一个民族舞蹈。	开阔眼界，丰富舞蹈语汇，积累舞蹈素材，提高学生的舞蹈鉴赏能力。
3	幼儿舞蹈基础训练	能够说出幼儿舞蹈的定义、特点、分类。	掌握幼儿舞蹈的基本步伐和常用动作，并能独立表演组合。	感受幼儿舞蹈的趣味性，能够快乐地舞蹈。
4	幼儿律动的创编	能够清晰表达幼儿律动的定义、分类、特点以及创编步骤。	可以独立或者小组合作创编幼儿律动。	了解律动教学的重要性，体会其艺术美。

续表

序号	项目名称	知识标准	能力标准	情感标准
5	幼儿歌表演的创编	能够清晰表达幼儿歌表演的定义、特点及编排方法。	可以独立或者小组合作创编幼儿歌表演。	通过肢体语言准确表达出每首儿歌的情感态度。
6	幼儿集体舞的创编	能够清晰表达幼儿集体舞的定义、特点及编排方法。	可以独立或者小组合作创编幼儿集体舞。	发展团队合作能力，形成初步的小组创编集体舞意识。
7	幼儿表演舞的创编	掌握幼儿表演性舞蹈的编排方法及创编原则。	可以独立或者小组合作创编幼儿表演性舞蹈作品。	了解幼儿表演舞在幼儿园教育中的重要意义，有丰富的想像力、创造力，具有团队精神。

（三）培养模式

在幼儿舞蹈表演与创编能力专长培养的具体实施过程中，学校贯彻教学做一体化设计理念，按照"观、讲、拟、编、演、评"六段式教学模式，也是"兴趣、理解、认识、主动学习、提升能力"的培养过程。力求做到理论联系实践，多为学生提供创作和表演的机会，让学生在锻炼中提高能力。

"观"，是指在上课之前先通过播放视频的方式让学生直观感受，激发学生的创编兴趣。

"讲"，是指结合观看的视频短片，师生共同交流、谈论。将创编的方法、步骤以及创编中应该注意的问题向学生讲清楚，以理论指导具体实践，有了理论的指导学生才能更加有针对性地组织、创编幼儿舞蹈。

"拟"，是指运用情景模拟的方式让学生参与式体验幼儿舞蹈的教育教学活动，以幼儿教师的角色切身体验；模拟上一节课或者组织一个活动，以达到掌握训练方法及创编方法的目的。

"编",是指在熟知各类幼儿舞蹈创编的方法步骤以后,以小组为单位开发创编相关幼儿舞蹈,实现由理论向实践的转变。教师可提前布置任务,查阅资料、编写台本等大量工作在课前完成。

"演",是指分小组将自己创编的幼儿舞蹈进行现场表演,教师及其他同学进行观看。在这个过程中,既锻炼了每个学生的心理素质,培养了其表演能力,又能够让学生在互相观看的时候取长补短。为了达到最好的表演效果,每个同学在编排的时候会更加用心,甚至利用课下业余时间,集思广益,融合集体的智慧与力量,培养学生的团队合作精神与集体荣誉感。

"评",是指对每个小组的现场表演进行评价,分为同学互评及教师点评。从中发现每个小组的亮点,学习积累好的创意;也从中发现问题、查找问题,进而改进问题,进一步提升幼儿舞蹈表演与创编的能力。

教学案例

练习一、律动与歌表演《我上幼儿园》

1.分析歌曲。

(1)先提出问题:该歌曲表达了什么样的情感?然后播放音乐,引导学生仔细聆听。

(2)继续提出问题:音乐的节奏如何?表达了什么样的情感?对幼儿有什么教育意义?

(3)学生讨论,总结。

2.分组为歌曲编排律动或者歌表演。

3.分组表演自己的作品。

4.师生一起观看、讨论,提出整改意见。

5.修改成型,录像拍摄保存下来。

练习二、幼儿表演舞《猫和老鼠》

1.播放动画片《猫和老鼠》片段,熟悉动画片形象。

2.给出任务,六一儿童节快到了,请根据《猫和老鼠》的主题情节为大班幼儿编排一个表演性舞蹈。

3. 学生分组练习,商量讨论情节,根据情节设计相应的舞蹈动作。

4. 教师给出指导意见,师生共同创作、修改。

5. 设计制作道具、服装。

6. 组织排练,作为期末汇报表演节目。

六段式教学模式的实质就是教学做一体化。该模式改变了传统教学中老师讲学生听的"灌输式"模式,让学生通过参与式体验的方式,实现学生的主体地位。通过理论联系实践的方式,有效地将课堂教学与未来实际工作相联系,在情景教学的氛围中提升自己幼儿舞蹈表演以及创编的实用性能力。

(四)考核标准

幼儿舞蹈表演与创编能力是一门理论与实践相结合的学科,该专项能力的考核评价包括三部分:幼儿律动表演(40%)、幼儿舞蹈创编(40%)、实践锻炼(20%)。考核等级分为优秀、良好、合格三个等级。

表3-3 考核标准表

优秀 (90分~100分)	1. 表演活泼、生动,能够有感情地表演舞蹈组合,动作流畅到位;舞蹈动作与音乐相结合,富有节奏律动感。 2. 能够掌握幼儿舞蹈的规律和特点,且能根据幼儿不同的年龄段编排相应的科学合理的舞蹈动作;舞蹈编排有鲜明的主题和特点;舞蹈表情生动形象,肢体动作优美到位,队形应用合理。 3. 具有良好的舞蹈表演及创编的能力,能够独立完成具有一定难度的舞蹈作品,技能技巧动作准确到位,对各种不同风格的舞蹈表演有较强的把控力;舞蹈的编排、表演形式新颖,富有创意。
良好 (75分~89分)	1. 能够有意识地运用生动形象的表情表演组合,掌握幼儿舞蹈的基本舞步和律动组合动作。 2. 动作规范,组合表演完整、连贯。准确把握音乐节奏,动作与音乐旋律相结合,有节奏律动感。 3. 舞蹈动作设计合理、流畅易记、富有童趣,符合幼儿的动律特点,舞蹈编排与伴奏音乐紧密结合,具有趣味性、夸张性。 4. 具有良好的舞蹈表演能力,能够个人独立或者与他人合作完成表演。准确把握音乐节奏,舞蹈动作吻合音乐旋律,舞蹈表现力好,舞姿优美流畅。

续表

合格 （60分~74分）	1. 掌握常见的鸟飞、鸡走、兔跳等模拟动作。 2. 能够独立完成组合中的动作，节奏正确，动作较为连贯。 3. 能够根据给定音乐独立或小组合作完整编排并表演，整体编排具有合理性、连贯性、完整性。 4. 具备基本的舞蹈能力，能够积极参与节目的表演，表情富有一定表现力。

附：曲目等级

A级难10首；B级中等10首；C级简单10首。

A-1：《娃哈哈》（维族）

A-2：《小骑手》（蒙古族）

A-3：《马兰谣》（藏族）

A-4：《金孔雀轻轻跳》（傣族）

A-5：《拾豆豆》（东北秧歌）

A-6：《赶海的小姑娘》

A-7：《我爱我的家》

A-8：《小鼠上灯台》

A-9：《小可乐》

A-10：《春晓》

B-1：《功夫宝贝》

B-2：《大王叫我来巡山》

B-3：《青春修炼手册》

B-4：《我是小小兵》

B-5：《小木偶》

B-6：《颜色歌》

B-7：《爸爸妈妈听我说》

B-8：《小兔子跳跳跳》

B-9：《我是小画家》

B-10：《泥娃娃》

C-1：《我上幼儿园》

C-2:《拍拍手,跺跺脚》

C-3:《我的好妈妈》

C-4:《小花猫》

C-5:《西瓜》

C-6:《妈妈宝贝》

C-7:《拍手歌》

C-8:《小蜗牛》

C-9:《虫儿飞》

C-10:《亲亲我》

项目四 儿童简笔画创作能力

一、培养理念

儿童简笔画创作课程是学前教育专业的一门核心课程,以培养学前教育专业学生的创造力和想象力为基础,对不同风格和主题的简笔画进行创作,满足学前教育专业学生在幼儿园开展的美术教学、墙面装饰等活动的需求,更好更快地适应幼儿园岗位要求,为具备更强更专的职业能力奠定坚实的基础。

1. 重要性

儿童简笔画创作能力的培养是践行教育部关于《幼儿园教师专业标准(试行)》文件中"能力为重"的具体体现。文件中明确提出:"引导幼儿接触周围环境和生活中美好的人、事、物,丰富他们的感性经验和审美情趣,激发他们表现美、创造美的情趣。"这与儿童简笔画创作能力的培养目标相吻合。儿童简笔画创作能力的培养是学校"SQC"一体化人才培养模式中对学生专长和能力培养的体现。同时,儿童简笔画创作能力也能帮助幼儿教师实现高效有趣、视觉效果强的课堂教学及幼儿园环境装饰任务,进而提高幼儿教师从事美术教育实践活动的专业素养。

2. 属性及其分析

儿童简笔画创作属于学科技能,是学前教育专业学生所具备的弹、唱、舞、说、画、做、写七字技能中"画"的能力。其先修的相关课程有儿童文学、教育学、心理学等。《儿童文学》中图文故事可以使学生初步认识简笔画教育学、心理学课程的学习,可以帮助学生理解、了解儿童心理,辅助简笔画的教学实践。后续课程有:幼儿手工与玩教具制作、幼儿园游戏指导、教育活动与实施等。儿童简笔画创作作为一项专业特长,具有艺术性、创新性、技能性、综合性、实践性等特点,它与学前教育的其他课程一起丰富了学前儿童教育的内涵。

3. 培养思路

儿童简笔画创作能力以培养学生职业能力所需要的综合绘画能力为目标,结合课程实践、岗位实践,形成教学做一体化的课程培养理念。

第一，以幼儿美术教育的需求为导向，组织教学内容。儿童简笔画教学内容的选取与幼儿美术教育相结合，将幼儿喜闻乐见的器物、植物、动物、人物、风景等类型的简笔画加以提炼和整合，让学生能熟练掌握不同类型的简笔画绘制方法。

第二，与幼儿园紧密合作，共同设计教学活动。根据幼儿园常用的美术主题，如儿童美术创作、插图故事创编、黑板报设计、教室美化、贺卡设计、手绘墙设计等内容，让学生充分训练和实践。结合每周教学内容制定相应的训练内容，课后练习做到"四定"：定时、定量、定内容、定要求。在美术主题的创作中保证学生掌握简笔画技能、科学合理的绘画方法和统筹设计美术主题的能力。

第三，以高职学生的特点作为教学流程的依据。在教学过程中始终以学生为主体，激发他们对绘画的内在学习兴趣，让学生主动地去发现美、探索美，从而愿意不断学习和实践来丰富自身的艺术素养。在教学的过程中采用多种方法让学生更适应简笔画的学习，如观摩交流、实践操作、发散思维、以赛促创、田野考察等。

二、培养标准

(一)培养目标

1. 知识目标：培养学生会画、会创作

让学生了解简笔画的基础理论知识，学会器物、植物、动物、人物、综合风景等类型的简笔画绘制方法，让学生掌握各类简笔画的造型方法，以及简笔画作品创编技巧，能熟练运用各种不同的简笔画上色工具，掌握简笔画的上色方法。

2. 能力目标：培养学生会教、会装饰

通过学习，让学生掌握娴熟的简笔画造型，提升幼儿园美术教学能力、环境装饰能力。运用基本原理让学生具备插图创编的思维创造能力，以及能够对作品进行评价的艺术审美能力。培养学生幼儿园教育教学的实践能力，以及幼儿园教室布置与户外环境装饰能力。将学科知识、能力与具体教学实践能力的培养相结合，掌握指导儿童开展美术活动的正确方法，能够根据不同时期儿童身心发展的规律制定相应的美术教育教学策略。能辅助幼儿园其他活动课的教学，将抽象的语言转化为直观的视觉形象，实现趣味课堂教学。

3. 情感目标：提高学生艺术素养

培养学生对绘画艺术的兴趣和艺术审美能力，激发学生的想象力和创造力，强化学生热爱幼儿教育的良好职业素质，培养有创造性思维模式的技能型高素质幼教人才。

(二)教学标准

1. 教学项目模块化及教学标准

儿童简笔画创作课程是分模块的教学,培养过程共分为四个模块:基础理论模块、造型训练模块、创编应用模块和教学实践模块。每个模块的内容都有相应的教学标准。

表4-1 教学项目模块及教学标准一览表

序号	模块名称	知识标准	能力标准	品德标准
1	基础理论模块	学生应了解简笔画的概念、特点以及构成简笔画的基本元素,知道简笔画的工具材料与表现技法。	能够掌握简笔画造型的基本原理及表现形式。	学生应具有善于观察生活中细节的能力,热爱大自然,热爱小动物,善于把所观所感用绘画形式表达出来。
2	造型训练模块	了解器物、植物、动物、人物、综合风景等类型的简笔画造型方法,掌握各类简笔画的表现形式、归纳方法及作画步骤。	能掌握各类简笔画的造型方法及上色方法。	学生应具有发现美的眼睛,人生处处是风景,能用心去描绘自己的理想画面,对绘画艺术产生兴趣。
3	创编应用模块	掌握简笔画创编的构图、色彩及造型原理,能够创作富有童趣的简笔画作品;懂得简笔画的设色与色彩配置;能够熟练使用彩铅、丙烯颜料等工具上色。	能运用简笔画对儿歌、故事进行插图创编,并运用所学造型知识进行环境装饰创作实践。	培养学生的创新能力、想象能力及审美能力。愿意积极参与到课外实践中去,可以与儿童互动来增强彼此的绘画乐趣,能充分调动孩子的积极性。
4	教学实践模块	了解幼儿园课堂教学及美术活动特点,根据不同时期儿童的身心发展规律提出不同的美术教育教学策略。	能够组织幼儿园美术教学实践活动,准确提供不同儿童的美术教育策略。	使学生具备从事幼儿教育的良好职业素质,真心热爱学前教育事业,用爱心、细心、恒心和善心来帮助孩子健康快乐成长。

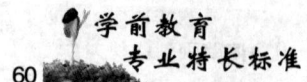

2. 模块进程表

表4-2　模块教学进程表

周次	学时	单元标题	模块编号	教学目标	教学内容	考核内容
1	2	简笔画的概念和特点	模块1-1	通过教学，使学生了解简笔画的概念和特点，了解简笔画的工具材料与表现技法。	1. 简笔画的概念。 2. 简笔画的构成特点。	分析简笔画的构成特点
2	2	简笔画的表现方法	模块1-2	了解构成简笔画的基本元素，掌握其基本造型原理及表现形式。	1. 造型原理。 2. 表现形式。 3. 设计步骤。	作品交流
3	2	器物简笔画	模块2-1	掌握器物简笔画的表现形式、归纳方法及作画步骤。	1. 生活。 2. 学习。 3. 文体用品。 4. 劳动。 5. 交通工具。	器物简笔画练习
4	2	植物简笔画	模块2-2	掌握植物简笔画的表现形式、归纳方法及作画步骤。	1. 概括与归纳方法。 2. 花草。 3. 树木。 4. 蔬菜。 5. 瓜果。	植物简笔画练习
5	4	动物简笔画	模块2-3	掌握动物简笔画的表现形式、归纳方法及作画步骤。	1. 造型方法。 2. 鸟禽类。 3. 走兽类。 4. 昆虫类。 5. 水族类。	动物造型默写
6	2	人物简笔画	模块2-4	掌握人物简笔画的表现形式、归纳方法及作画步骤。	1. 人体基本结构。 2. 比例特征。 3. 动态规律。 4. 五官表情。 5. 手与足。 6. 人物服饰。	人物造型默写

续表

周次	学时	单元标题	模块编号	教学目标	教学内容	考核内容
7	2	综合风景简笔画	模块2-5	掌握综合风景简笔画的表现形式、归纳方法及作画步骤。	1. 透视原理。 2. 构图方法。 3. 自然风景。 4. 建筑风景。	综合风景组图创作
8	4	简笔画上色	模块2-6	掌握各类上色工具的上色方法。	掌握水彩笔、油画棒、彩铅上色。	各类上色工具作品
9	2	创编原理	模块3-1	掌握简笔画创编的构图、色彩及造型原理。	1. 构图形式。 2. 表现技法。 3. 色彩基础。	创编原理
10	2	命题绘画	模块3-2	能够创作富有童趣的简笔画作品。	1. 主题创作。 2. 插图创编。	主题创作
11	2	绘画应用	模块3-3	学习简笔画的设色与色彩配置，介绍丙烯颜料的特性和使用方法，综合运用所学造型进行环境装饰实践。	1. 黑板报设计。 2. 教室美化。 3. 贺卡设计。 4. 手绘墙设计。	幼儿园黑板报、教室美化设计
12	2	简笔画与教学	模块4-1	组织幼儿园课堂教学及美术活动。	1. 简笔画在课堂教学中的积极效应。 2. 语言与画面配合。	课堂教学模拟
13	2	幼儿园美术教学	模块4-2	根据不同时期儿童的身心发展规律提出美术教育教学策略。	1. 表现手法设计。 2. 各年龄段美术教学方案设计。	设计各年龄段美术教学方案

3. 模块教学任务

表4-3　教学任务及内容备份表

教学任务	基础理论→造型训练→创编应用→教学实践。
分解任务一	了解简笔画的概念和特点,了解简笔画的工具材料与表现技法。
分解任务二	掌握器物、植物、动物、人物及综合风景简笔画的表现形式、归纳方法及作画步骤。
分解任务三	掌握简笔画创编原理,能进行主题创作。
分解任务四	组织幼儿园课堂教学及美术活动,能根据不同时期儿童的身心发展规律提出美术教育教学策略。

（三）培养模式

采用"A-B-C-D"的培养模式,即"Animation(动画)-Book(书籍)-Creation(创作)-Delight(乐趣)"的四境界培养模式,并结合"临摹→默写→改写→写生→创编"五段式教学步骤,对儿童简笔画创作能力加以培养。

1. A(Animation 动画):以动画促眼界

孩子们都喜欢看动画,学生也不例外。观赏一些优秀的动画片或动画电影,有助于学生眼界的提升,且对绘画主题的选取、构图的设计、色彩的搭配具有促进作用。在教学过程中指导学生欣赏动画,分解画面,有利于学生学习兴趣的提升。

2. B(Book 书籍):以阅读促思维

让学生阅读优秀的故事书和故事绘本有利于发散思维的形成,同时,指导学生阅读一些与简笔画创作相关的理论书籍能增强学生的理论知识,更能提升学生的创作能力。

3. C(Creation 创作):以创作促想象

在不断创作的过程中提高学生的想象力和创造力,避免一成不变的固定思维。对学生的创作作品应及时给予评价,提出修改意见,让学生不断地创作再创作,激发创作灵感,保持创作激情。

4. D（Delight 乐趣）：以乐趣促成长

如何让学生快乐的学习是教学的重要方面，只有通过了解学生的兴趣爱好，将学生的兴趣与课堂教学的形式结合起来才能让学生在轻松、愉快的气氛中学到知识，使学生健康快乐地成长。

（四）考核标准

学生成绩由平时考核与期末技能考核两项构成，平时成绩占总成绩的 40%，期末技能考核占 60%。

1. 平时成绩：出缺勤占 40%，平时作业占 60%。

2. 期末技能考核：包括写生创作及主题创作两部分，写生创作占 40%，主题创作占 60%。

（1）写生创作考核

①考核标准。

在写生场地能熟练画出自然风景，在 3 小时内画出一整幅画。

②考核要求。

a. 有观察、分析、概括客观形象的能力。

b. 能选择恰当角度、显示结构特点，构图完整、形象逼真、线条流畅。

c. 在规定时间内完成写生内容的绘制。

③评价标准。

表 4－4　教学评价标准表

优秀	构图完美，造型生动，特征明显，形态夸张得体，线条流畅、准确、肯定，主次分明，大小适中，动态协调，具有童趣和较强的艺术感染力，在规定时间内完成。
良好	构图准确，造型生动，特征明显，形态较夸张得体，线条流畅、准确，主次有所体现，大小适中，动态协调性较好，有一定的感染力，在规定时间内完成。
合格	构图一般，造型特征一般，形象平淡，线条生硬，动态基本合理，主次基本分明，能在规定时间内完成。
不合格	构图不合理，画面模糊不清，造型特征较差，线条生硬，不符合动态规律，不能在规定时间内完成。

(2) 主题创作考核

①考核标准。

考试作品题目从以下选题中抽取一个主题,学生们根据命题进行绘画创作。统一用4K素描纸,结合彩铅上色,创作出具有装饰效果的作品。

(白雪公主与七个小矮人;水晶鞋;龙猫;疯狂原始人;多啦A梦伴我同行;花木兰;冰雪奇缘;疯狂动物城等)

②考核要求。

a. 主题鲜明,富有故事情节(20分)。

b. 线条流畅、清晰(20分)。

c. 构图合理、比例匀称、完整得体(20分)。

d. 形象生动、可爱,富有童趣(15分)。

e. 色彩搭配协调(15分)。

f. 上色线条均匀,画面干净(10分)。

③分数界定。

表4-5 分数界定表

90~100分	画面饱满有教育意义,富有童趣,敢于创新、大胆发挥想象力,构图合理得当,主体突出,能够运用多种表现技法。线条流畅、准确,色彩艳丽、搭配协调。
80~89分	画面较有创新,富有童趣,构图适当,画面完整,表现技法多样。线条流畅、色彩艳丽、搭配协调。
70~79分	画面创新意识不突出,构图不舒服,画面效果平淡,表现技法运用单一。线条不够肯定,色彩单一,搭配不合理。
60~69分	画面明显具有记忆痕迹,无创新表现,偏离构图原则,画面主题不明确。线条不够流畅,色彩单一。
59分以下	画面内容没有创新,构图不完整,主次关系较差。线条生硬,色彩单一、模糊不清。

三、习作欣赏

图 4-1　光头强

图 4-2　史迪奇

图 4-3 海龟

图 4-4 海绵宝宝

图 4-5 生日派对

图 4-6 圣诞老人

图 4-7 海贼王

图 4-8 龙舟

图 4-9 盛宴

图 4-10 海绵宝宝和派大星

图4-11 水晶鞋

图4-12 喜羊羊

图 4-13 海底世界

图 4-14 猫和老鼠

图4-15 多啦A梦

图4-16 森林公园

项目五　儿童手工创作能力

一、培养理念

1. 重要性

2001年教育部印发实施的《幼儿园教育指导纲要（试行）》，在关于艺术教学内容的要求中明确提出："要指导幼儿利用身边的物品或废旧材料制作玩具、手工艺品等来美化自己的生活或开展其他活动。"《幼儿园教师专业标准（试行）》中对教师专业能力提出："能够创设有助于促进幼儿成长、学习、游戏的教育环境。合理利用资源，为幼儿提供和制作适合的玩教具和学习材料，引发和支持幼儿的主动活动。"这些知识和能力都与环境创设、手工制作、玩教具制作等密切相关。可见，儿童手工创作能力对于幼儿教育具有重要的意义，需要幼儿园教师具备一定的动手操作技能和教学设计能力。

我院提出的"SQC"人才培养模式，对学生特长、素质和能力培养提出明确的要求，既要考虑学生就业的需要，又要考虑今后个人发展的需求；既要求学生全面发展，又要突出重点。学前教育专业的手工创作课程立足于服务幼儿园教学，凸显幼师职业化教育的特色，不仅帮助学生在手工创作的过程中培养创新意识、设计思维和动手能力，还培养学生职业能力、创造能力、今后继续学习和发展事业的能力。总而言之，儿童手工创作课程对学生的专业化成长、创新能力的培养具有重要意义。

2. 属性及其分析

儿童手工创作属于学科技能，依托手工制作课程，是专业技能的进一步提升。

高职院校学前教育专业主要面向社会幼儿教育行业，重点培养德、智、体等全面发展的，具有较强的专业思想和较高的协作、应变能力，具有开展学前儿童教育教学工作的理论知识与专业技能，能从事幼儿园、社区和社会性早教机构的学前儿童教育教学工作的专业人才。手工创作能力的培养是该专业幼儿美术系列课程中作为一门注重学生职业技能和特长培养而独立开设的实践性课程，具有综合性、实践性、技能性、艺术性、创新性等特点，也是学前教育专业的核心课程之一。

儿童手工创作的内容广泛，追求的是实用美术的审美情趣与立体的制作效果，着重强调学生对材质的认识、利用以及动手能力和创造性思维的培养。该课程是在了解和掌握实用美术基本理论的基础上，更好地将美术欣赏、创新意识、绘画技能、手工制作技能融于一体的课程教学，理论联系实际，培养学前教育专业学生具有在幼儿园进行美术教学、环境创设和手工制作的能力，从而能够更好、更快地适应幼教职业的要求，具备更强的职业能力。

3. 培养思路

(1) 注重素质教育和能力培养。

一是注重专业基础素质教育，结合幼儿园手工教学的需要，强调手工基础知识技能的掌握，强调实际操作能力的提高以及设计意识的培养。

二是突出学用结合与学前教育的特色，在内容上尽可能系统地反映现代幼儿教育理论研究和手工实际的成果，使学生在教学实践中能具体制作、运用。

三是将不同类型的手工制作运用到各种教育环境创设、教学活动和现实生活中去，增强学生理论联系实际的能力。

(2) 突出学生主体，尊重个体差异。

手工创作的课堂应该贯彻"做中学，做中教"的指导思想，实现由教师的一言堂转变为学生自主动手的课堂。学生自己能看会的教师不要讲，学生不会的问题可以让学生通过小组讨论来解决，学生通过讨论仍不能解决的教师再讲。体现以学生为中心，做到"课堂学生化"，让学生愿意动手制作作品，表达自己的情感。同时，教师要关注差异，尊重学生的人格，及时发现学生学习的障碍，帮助学生解决障碍，才能提高整体的教学成果。

(3) 关注过程评价，促进学生发展。

根据教育心理学的研究成果，恰到好处的评价可以成功激发学生的学习激情，促发学生学习的内在动力。教师在带领学生进行手工制作评价其习作成果的过程中，可以抛开学生手工制作作品的优与劣，首先让学生说一说自己在创作过程中的构思与灵感，然后通过师生之间的积极互动，挖掘出蕴含于作品中的个性化优点进行恰当的评价，帮助每一个学生认识到自己的长处与短处，增强学好手工制作的信心，从而扬长避短。教师还可以组织同学们进行互评，来实现互相学习、互相促进、互相勉励的良好学习氛围。

(4) 运用现代教学技术，改变教学方式。

通过多媒体教学丰富课堂内容，生动形象地进行教学，培养学前教育专业学生的形象思维与抽象思维能力。手工创作课程具有新颖多变性,课本内容远远赶不上时代的变化,运用现代化教学手段辅助教学,充分利用各种教学资源,对学生进行全面系统的教育,同时提高学习效率。

二、培养标准

(一)培养目标

1. 知识目标

(1)了解各种纸材的材质特点,掌握折、剪、贴、塑等纸艺造型规律。

(2)掌握彩泥制作的基本表现技法和泥塑的成形规律,具备空间想象力和动手操作能力。

(3)掌握布材料的基本制作方法,达到形象和构图的准确性。

(4)初步掌握指导幼儿进行纸材、彩泥、旧物改造制作活动的从教能力。

(5)掌握幼儿园环境布置的设计原则与设计制作方法。

(6)了解玩教具的相关概念、特点、种类和设计构思的方法。

(7)熟悉各类材料的特性,合理使用相应的工具和材料,并能尝试使用各种新的工具与材料。

2. 能力目标

(1)手工教学活动设计的能力。制定教学活动设计的能力是开展好幼儿教学活动的保障。在手工创作课程中培养学生把握手工活动目标的能力、选择制作内容的能力、编排制作过程的能力,并应用于幼儿美术教育活动中。

(2)幼儿园墙面制作的能力。环境作为一种"隐性课程",对幼儿园的日常教育活动起着重要的作用。通过手工创作课程的学习,帮助学生独立设计幼儿园墙面,并且了解幼儿园墙面制作是为了创造一个美的环境给小朋友,激发小朋友与墙饰的更多互动,提高审美能力。

(3)玩教具制作的能力。玩教具是指在幼儿课堂中为了辅助教学,使儿童能更好地掌握所学知识的辅助材料。玩教具在幼儿园教学中发挥着极其重要的作用。通过手工创作课程的学习,能根据各年龄段的幼儿特点设计适宜的玩教具,同时手工制作还可以应用到幼儿园文艺演出和综合活动中。

3. 情感目标

(1)具备团队协作能力。

(2)具备良好的沟通和表达能力。

(3)具备安全操作的能力。摆放工具和材料整齐合理,现场保持清洁,项目完成后能进行场地整理。

(4)具备触类旁通的创新能力。

(5)具备自学的能力。

(二)教学标准

1. 教学项目模块化及教学标准

表 5-1　教学项目模块及教学标准一览表

序号	模块	项目	知识标准	能力标准	品德标准
一	手工制作	纸材造型	(1)掌握纸的物理特性和表现形式,掌握折、剪、贴、塑等纸艺造型规律。 (2)知晓剪纸、折纸、染纸、平面纸塑及立体纸塑的表现形式、特点和基本步骤。	能够运用纸材制作的基本规律,创造性地塑造和制作多种平面与立体的手工作品,并应用于幼儿美术教学活动中。	(1)具备团队协作能力。 (2)具备安全操作的能力。 (3)具备触类旁通的创新能力。
		泥工造型	(1)掌握彩泥的性质与泥塑的基本技法,从感性上加深对形状、体积、空间、量感等的理解。 (2)掌握泥浮雕、圆雕的表现形式、塑造步骤及着色方法。	能够运用捏、团、搓、揉等彩泥制作技法,创造性地表现自己的意愿,并应用于幼儿美术教学活动中。	
		布艺造型	(1)了解布艺与编织的起源、发展及在生活中的体现形式。 (2)掌握布浮雕、布玩偶造型的基本制作方法,达到构图和形象的准确性。	能够运用布材基本制作方法,举一反三,制作各类布艺造型,并应用于幼儿美术教学活动中。	
		废旧物品改造	熟悉各类材料的特性,合理使用相应的工具和材料,并能尝试使用各种新的工具与材料。	能够运用各种材料,尝试各种工具,运用剪、贴、画等综合制作表现技法,因材施艺进行旧物创意设计与制作,并应用于幼儿美术教学活动中。	

续表

序号	模块	项目	知识标准	能力标准	品德标准
二	幼儿园环境布置	墙饰的设计与制作	(1)理解幼儿园环境创设、美化的重要性。 (2)掌握幼儿园环境布置的设计原则与常见装饰用品的基本制作方法。	(1)能够运用综合材料、多种表现技法合理装饰幼儿园环境。 (2)能够因地制宜、就地取材创作出具有本土特色的幼儿园环境。	(1)具备团队协作能力。 (2)具备良好的沟通和表达能力。 (3)逐步树立物尽其用的朴素资源观。
		区域环境创设	(1)了解班级活动区域的种类及其意义。 (2)掌握"进区卡"的设计与制作方法。	(1)能够进行班级游戏区域的划分、设置，及材料的投放与管理。 (2)能够进行角色游戏活动区、建构游戏活动区等环境设计。	
三	玩教具的设计与制作	幼儿园自制玩教具概述	掌握科教、体育、娱乐、表演、艺术欣赏等环节使用的玩教具制作方法。	能合理利用各类材料并根据各年龄段的幼儿特点自主设计制作适宜的玩教具。	(1)具备触类旁通的创新能力。 (2)具备自学的能力。 (3)审美能力。
		常用玩教具的制作方法	(1)了解玩教具制作的相关概念、特点、种类。 (2)掌握玩教具的设计、制作的构思方法与制作要领。		

2. 实训项目

手工创作课程教学过程中不仅要重视学生的技能训练，更要重视将技能转化为职业能力的训练。结合幼儿园教师的职业要求，针对幼儿园教育的特点，对实训教学项目进行精心设计。具化为六个单元，十三个实训项目。

表 5-2　实训项目列表

实训单元	实训项目
纸工装饰类	项目一　剪纸、折纸、染纸的综合设计与制作 项目二　纸花、纸偶、纸浮雕的综合设计与制作
泥工益智类	项目一　彩泥塑造的设计与制作技能（浮雕、圆雕） 项目二　纸浆的设计与制作（浮雕、圆雕）
布艺表演类	项目一　布绒玩具及袜子造型的简单设计与应用 项目二　幼儿表演服装及道具的设计与制作技能
旧物利用类	项目一　综合材料拼贴的设计与制作技能 项目二　环保物品的创意设计与游戏活动
幼儿园环境布置	项目一　门窗、门廊、主题墙的设计与制作 项目二　区角环境的设计与制作 项目三　针对节日进行的舞台布置、头饰与面具的设计与制作
玩教具的设计与制作	项目一　语言、计算活动类玩教具的设计与制作 项目二　健康、艺术活动类玩教具的设计与制作

3. 教学任务

表 5-3　教学任务及分解一览表

教学任务	手工制作→幼儿园环境布置→玩教具设计与制作。
分解任务一	了解纸材造型、泥工造型、布艺造型及废旧物品改造的方法及制作。
分解任务二	掌握墙饰和区域环境装饰的方法与实施。
分解任务三	掌握科教、体育、娱乐、表演、艺术欣赏等环节使用的玩教具制作方法。

（三）培养模式

以"适用、能用、会用"为原则，精选教学内容，现场示范，注重指导，采用科学合理的教学方法和教学手段，探索出"1+2+3+4"的培养模式。

1."1"指一个中心：学生主体

一切活动以学生为中心。根据学生的具体情况，从材料的准备、工具的使用到操作的要求等方面，强调学生主体性的发挥，针对不同学生的不同个性、不同兴趣，因人而异、因材施教,在注重学习结果的同时更加注重学习的过程,只要学生能积极参与、不断成长,就给予肯定和鼓励。对学生作品从多个角度进行评讲,对亮点给予肯定,对不足提出改进建议,这样能有效地调动学生学习的积极性、主动性和创造性。

2."2"指两个重点:墙饰与玩教具

在教学过程中,整合教学内容,突出两个重点,即:墙饰的设计与制作、玩教具的设计与制作。这两方面的内容是幼儿园班级环境及幼儿美术教学活动的重要组成部分,如果学生能够理解并能独立操作,走上工作岗位后,对于幼儿园的环境创设及教学活动的组织方面就不会感到束手无策,基本能独当一面了。

3."3"指三种形式:参观、制作与交流

定期组织学生到有协作关系的幼儿园进行有目的、有组织的参观,要求学生现场拍摄幼儿园环境照片,并做详细记录,回校后再进行讨论,分析幼儿园环境中如何巧妙使用废旧材料、如何体现各年龄段的特点以及蕴含的教育价值等,也可指出该幼儿园环境创设中存在的不足,并提出自己的一些设想。

学生通过参观,对幼儿园手工制作有了基本的了解,教师再根据各阶段的教学内容,开展多种形式的制作活动,按专题进行探究,个人自主实践与小组分工合作有机结合。在展示制作成果时,注重交流,自评与互评相结合。小组合作的作品,各组推荐一名代表,从收集资料、材料准备、人员分工、制作过程、作品感受等多方面进行陈述,其他人员可做适当补充。

4."4"指四个平台:QQ群、网站、展评和实践基地

一是班级QQ群。充分发挥网络在教学中的作用,班级成员可在QQ群中就儿童手工创作课程中的作品、学习资料进行交流共享。

二是学院网站。将课程教学中开展的相关活动、学生优秀作品的图片在网站上宣传展出。学生在学院网站上看到自己参加的活动、自己的作品,自豪感和成就感油然而生,这样就会提高学生学习的积极性。

三是评比和展览。在教学过程中开展手工制作作品的评比,在教室开辟出"艺术角",将一批主题突出、创意新颖、制作精细的优秀作品进行展览,既展示了学生的学习成果,又增强了学生的荣誉感,提高学生的手工制作积极性与参与兴趣。

四是实践基地。组织学生到幼儿园进行参观学习,通过实地考察加强对儿童手工创作课程的了解。教师还可与实践基地联系,让其挑选学生的优秀作品,用以布置幼儿园环境。顶岗实习的学生可将自己的作品带至顶岗实习的班级,让作品在实践中得到检验。

(四)考核标准

儿童手工创作能力的考核采取平时检查与期末技能考核相结合的方式。平时检查占总成绩的40%,期末技能考核占总成绩的60%。

1. 教师平时检查

教师平时检查以学生完成日常实践作业的数量和质量、能否按时完成作业、实践练习过程中的学习态度以及上课出勤率为主要考核内容。

2. 期末技能考核

(1)考试要求。

时间:120分钟。

内容:完成一幅富有故事情节的儿童装饰画。

材料:自由选择各类材料(如纸材、布材、泥材等综合材料)进行创意表达。

(2)考核要求。

表5-4 教学考核要求表

类别	要求
构思	1. 按试题范围确定画面,明确反映主题。 2. 根据规定主题,选择儿童或动物为主要形象。 3. 主体形象及搭配形象均与主题密切相关,形象之间也应有联系。
造型	1. 比例协调,造型准确。 2. 装饰手法概括、夸张,为幼儿喜闻乐见。
构图	1. 以二度空间为依据,体现装饰性的空间感及各形象间的比例关系。 2. 画面形象,安排恰当,主体形象突出。 3. 构图饱满、均衡。 4. 巧妙利用疏密、呼应关系,使画面产生节奏感与韵律感,构图生动。
色彩	1. 色彩适合幼儿审美心理,多选热烈、活泼、鲜艳的搭配关系。 2. 注意明度对比,使画面具有层次感。 3. 运用与构思意境相吻合的色调,注意色彩的象征性。

(3) 考核标准

表 5-5　考核标准表

分数	标准
90~100 分	作品具有教育意义,富有童趣,敢于创新、大胆发挥想象力,制作结构合理得当,主体突出、能够运用多种立体表现技法。色彩艳丽、搭配协调,新颖美观,实用性强,制作牢固,符合现代学前教育教师手工技能的高标准要求。
80~89 分	作品较有创新,富有童趣,制作结构适当、完整,立体表现技法多样,制作牢固。色彩艳丽、搭配协调,新颖美观,较为实用。
70~79 分	作品中创新手法较少、制作结构不稳定,作品中缺少童趣,运用立体表现技法,色彩鲜艳,作品较为普通。
60~69 分	作品创意普通,制作结构有明显不足,主题不明确。立体表现技法不够,色彩单一,牢固性不好,没有实用价值。
59 分以下	作品内容没有创新,制作结构不完整、不合理,主次关系较差。没有立体表现技法,色彩单一,实用性和牢固性较差。

三、作品欣赏

图 5-1　3 的迷宫

图 5-2 拧一拧

图 5-3 算一算

项目五
儿童手工创作能力

83

图 5-4 编一编

图 5-5 海洋天堂

图 5-6 猴子捞月

图 5-7 旋转小汽车

项目六 童话创编及讲述能力

一、培养理念

在幼儿园教学活动中,编讲童话故事是幼儿教育的重要内容,也是常见的活动形式之一,具有寓教于乐、综合性强、教育效果好的特点。幼儿期是人的语言、智力等各方面发展的关键期和敏感期,幼儿教师通过编讲童话故事,能有效促进幼儿身心的健康成长和发展。

二、重要性

中华人民共和国教育部颁布的《幼儿园工作规程》指出了幼儿教师应具备讲故事的专业技能:"要求幼儿教师能够运用儿童化的语言和态势语言,充分突出故事中不同角色的性格特点,为幼儿讲演故事。"幼儿童话创编及讲述能力和水平是评价幼儿园教师语言素养和从教能力的一个重要指标。

(一)属性及内涵

幼儿童话创编及讲述能力属于幼儿园教师的学科技能,具体表现在三个方面:生动形象读童话,惟妙惟肖讲童话,即兴创作编童话。

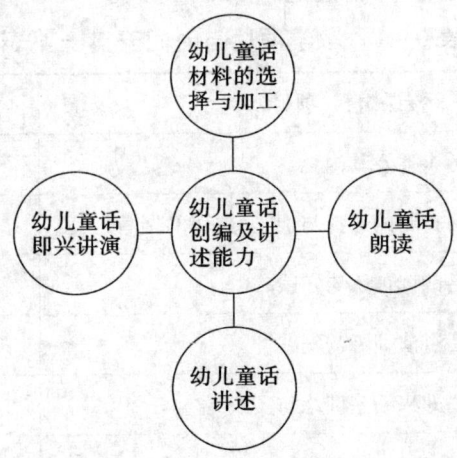

图 6-1 幼儿童话创编及讲述能力结构图

(二)培养思路

编讲童话故事训练是形成和提高幼儿童话创编及讲述能力的主要途径,其表现形式为"早实践、多实践、反复实践",通过多种形式、多种途径的实践方式形成幼儿童话创编及讲述能力。编讲童话故事还可以提高心理素质和口语表达能力,可以深化学生的职业意识,激发其对幼儿文学的兴趣。

三、培养标准

(一)培养目标

1. 理解幼儿童话创编及讲述能力的内涵,知道如何选择和改编、创编幼儿童话,能设计、实施和评价幼儿童话创编及讲述活动。

2. 能开展不同形式的幼儿童话创编及讲述活动,会分析和解决活动实施中遇到的困难和问题。

3. 积极主动参与不同形式的实践,深化幼儿园教师职业意识,激发对儿童文学类作品欣赏与创作的兴趣。

(二)教学标准

幼儿童话创编及讲述能力培养分五个项目进行:

项目1　幼儿童话讲述及其内涵;项目2　幼儿童话材料的选择与加工(讲稿的撰写);

项目3　幼儿童话朗读训练与实践;项目4　幼儿童话讲演训练与实践;

项目5　幼儿童话即兴编演训练与实践。

这五个项目的实施,均按照"理论→实践→指导"的模式进行,同时五个项目的顺序安排形成由易到难培养能力的"递进式"教学序列。

表6-1　教学项目与时间安排一览表

授课内容(项目)	课时
项目1　幼儿童话讲述及其内涵	2
项目2　幼儿童话材料的选择与加工(讲稿的撰写)	8
项目3　幼儿童话朗读训练与实践	10
项目4　幼儿童话讲演训练与实践	20
项目5　幼儿童话即兴编演训练与实践	20
合　计	60

按照"基础理论→写童话讲稿→读童话→讲演童话→即兴编演童话"五个项目的顺序开展授课,层层递进,上一个项目为下一个项目打基础。

以职业能力培养为目标整合课程教学内容,进一步细化幼儿教师编讲童话工作流程,结合相应的职业能力要求,将五个课程项目分为28个教学任务。采用任务驱动、小组训练等教学方法,任务完成采用多元化评价方式进行评价。

表6-2 培养流程一览表

任务	教学与训练内容	教法与学法	教学时间
1	什么是幼儿童话?幼儿童话的特点有哪些?	讲解为主,提问启发为辅	10′
2	幼儿童话的历史渊源	讲述为主,图片、录音、录像展示为辅	10′~20′
3	幼儿童话的分类	案例教学为主	15′~25′
4	幼儿童话讲述三种方法	讲解,讨论,模拟	15′~20′
5	幼儿童话讲述学习指导	以讲授法为主	10′~25′
6	幼儿童话材料的选择和收集要求	布置、检查、讲解作业	40′~60′
7	童话作品幼儿化改写	案例教学,课堂训练	60′~90′
8	幼儿童话口语化加工训练	案例教学,课堂训练	60′~90′
9	幼儿童话讲稿的撰写训练(2轮)	案例教学,课堂训练	90′~120′
10	幼儿童话朗读要求	讲解为主,讨论,实训	40′~50′
11	语音的训练与矫正	课内训练、指导	40′~50′
12	朗读符号与朗读技巧的使用	讨论、总结、归纳,练习	60′~90′
13	通过童话朗读范例进行指导训练	借助多媒体讲解、实训	160′~180′
14	幼儿童话朗读户外拓展	小组合作教学	一周

续表

任务	教学与训练内容	教法与学法	教学时间
15	成果展示与点评	指导、研讨、应用	160′~180′
16	幼儿童话复述训练	教学做相结合,讲解与讨论	80′~100′
17	文字和口语转换训练	教学做相结合,指导	80′~100′
18	童话分析训练	教学做相结合,研讨	80′~100′
19	语音造型训练	教学做相结合,讲解与讨论	160′~180′
20	语气语调训练、叙述性语言和角色语言转换训练	教学做相结合,指导	80′~100′
21	体语训练	教学做相结合,研讨	80′~100′
22	课外拓展实践	小组合作教学	2周
23	实践成果点评	讲解,讨论,指导	80′~100′
24	改编童话训练	教学做相结合,讲解与讨论	80′~100′
25	看图讲童话训练	教学做相结合,讲解与讨论	80′~100′
26	创编童话训练	教学做相结合,设计与指导	80′~100′
27	即兴创编与讲演童话训练	教学做相结合,设计与指导	3周
28	训练成果点评	研讨、点评	300′~400′

(三)教学模式与教学方法

1. 教学设计理念

早实践、多实践、反复实践,在项目教学的实施与总结中完成"递进式"能力培养。

2. 教师的作用

教学项目的设计者、发起者、指导者与总结者。

3. 学生的作用

教学任务的实施者与完成者。

4. 主要教学方法

(1) 任务驱动教学法：读童话、讲演童话、即兴编演童话三个项目，分三个阶段实施。每一个项目下设若干"递进式"实践教学任务，通过教学任务培养学生的能力。

(2) 小组训练法：按课程教学要求，根据学生情况把学生分成不同的学习小组，课程所有的实践环节均以小组的形式开展。教师以小组为单位总结和考核学生任务完成情况，被抽取朗读童话或表演童话的成员代表小组进行展示。小组成员之间的配合情况纳入评价内容。

(3) 模拟课堂教学：在模拟情境中，按照幼儿园教育工作过程，模拟幼儿园课堂，教师按照幼儿园活动设计的要求设计并实施童话课程教学活动。

5. 教学模式

幼儿童话创编及讲述能力培养模式分为"导→训→临→模→验→考→赛"七个环节，除第一个环节外，均以实践为主。七个环节层层递进。

"导"，任课教师依据"高于幼儿园、优于幼儿园"实际工作水平标准选取教学内容，把实践过程中需要的基本理论与方法教给学生，同时布置相关项目任务。这个环节教授课程的基本知识与技能，比如语音造型（利用语音塑造角色形象）、体语造型（利用态势语言塑造角色形象）等。

"训"，以小组为单位进行讲童话（包括读童话、讲演童话和即兴编演童话三个项目）训练。

"临"，到幼儿园见习童话教学活动，见习后讨论，教师点评。

"模"，以小组为单位模拟幼儿园课堂童话教学活动，教师点评。各学习小组总结、讨论并设计出幼儿童话讲述活动方案。

"验"，到幼儿园实习幼儿童话讲述，并录像，检验学习情况。活动结束后观看录像并小组讨论，幼儿园教师点评。

"考"，学生户外公共场所实践考核，以小组为单位进行讲、演实践。听取幼儿家长意见，取得家长评价。

"赛"，进行幼儿童话讲述比赛，邀请幼儿园教师和专业教师做评委，根据考核结果，评选出"讲童话专长生"。

（四）评价标准

表6-3 能力评价总表

考核项目	评价标准			分值	评价方法				评定等级				备注
	知识与技能	过程与方法	情感与态度		教师评价(40%)	自我评价(20%)	小组评价(20%)	社会评价(20%)	A	B	C	D	
幼儿童话材料的选择与加工	会对选出的材料进行加工，撰写讲稿。	能熟练改编和口语化加工童话材料。	有较强的职业意识；对文学作品感兴趣。	20									
幼儿童话朗读	普通话标准流畅，生动形象。	朗读不带方言，有良好的朗读习惯，主动参与训练。	感情投入朗读童话，有兴趣、有热情。	10									
	能合理运用语音造型，面部表情丰富，符合童话情境。	能熟练应用朗读童话技巧，积极参加幼儿园实践。	有在公开场合生动形象的朗读童话的自信心。	10									
幼儿童话讲演	脱稿讲演，语言口语化特征明显。	讲演童话规范并适度调整自己的讲演方式，主动参与训练。	热情投入，能自信地在公开场合富有感染地讲演童话。	20									
	恰当运用讲童话技巧，富有感染力，语音造型、身体语态得当。	熟练自如运用讲演童话的技巧，积极参加幼儿园实践。	对童话有自己的见解，讲出自己的个性和特点。	20									

续表

考核项目	评价标准			分值	评价方法				评定等级				备注
	知识与技能	过程与方法	情感与态度		教师评价(40%)	自我评价(20%)	小组评价(20%)	社会评价(20%)	A	B	C	D	
幼儿童话即兴讲演	童话内容创作符合教学情境,符合幼儿童话的基本特点。	能根据一定情境进行即兴创作。主动参与训练。	有即兴创作和讲演的兴趣和信心。	10									
	讲演流畅生动,富有表现力和感染力。恰当运用讲童话的技巧。	积极参加幼儿园实践	创作贴近幼儿,符合教育情境,并讲演出自己的特色。	10									
评价结果	分值												
	等级												

注:采用百分制,85分以上为 A 等(特长)、75~85分为 B 等(良好)、60~74分为 C 等(合格)、60分以下为 D 等(不合格)。以下是几点解释:

1. 小组评价:指学习小组评价。课程开始时根据学生情况划分学习小组,小组人员固定,全班分5~8个小组,每组4~6人。此学习小组贯穿课程学习过程。

2. 每个分项的成绩是在学习过程中,根据学习与训练的过程评分。

3. 实践评价:指幼师生参加幼儿园见、实习,以及到公园、社区为幼儿讲童话所得的评价。

4. 备注:包括评语、学风、学生参加的讲童话相关活动获得的荣誉情况酌情加分(分值5~10分)。

项目七　幼儿教育叙事创作与演讲能力

一、培养理念

《幼儿园教师专业标准(试行)》中提出:"把学前教育理论与保教实践相结合,突出保教实践能力;研究幼儿,遵循幼儿成长规律,提升保教工作专业化水平;坚持实践、反思、再实践、再反思,不断提高专业能力。"

幼儿教育叙事创作与演讲能力是学前教育职业能力中的重要一项,这项能力不仅能够反映幼儿教师的写作水平,还能够锻炼幼儿教师口语表达能力,是学前教育专业的一门既具有理论性又具有应用性的职业能力课程,为学前教育专业的"一生一特长"提供助力。通过本课程的学习,可以使学生了解教育叙事研究的基本过程和创作标准,掌握幼儿教育叙事创作与演讲能力的基本方法和演讲技能,从而形成研究意识和反思意识,培养分析问题和解决问题的能力。

教育叙事又称教育叙事研究,是指教师在进行教育教学研究时,不去写那些有时连自己也不理解的概念性论文,而是关注发生在自己教育生活中的事情,寻找其中有意义的细节,然后反思自己的教育教学,从而改进和重建自己的教育生活。这样的研究,更加符合教师的实际,提供了一种新的教研视角,有利于教师的专业发展。教育叙事,是教师用其独特的叙事视角对自己的教学进行描述,并在不断的反思中促进教师专业发展的研究活动,其主要特征是叙述性和反思性。叙述性是指教师描述具体的教学事件,并显示出一定的情节性和可读性。反思性是教师在反思中改进自己教育实践的一种思维倾向。教育叙事是教师进行教学研究最直接、最有效的活动方式,它采用详细叙述的写作方式,介绍问题发生与解决的整个过程,留意一些有意义的具体细节和情境,反映最有典型性的教学事件,并尽可能描述教师自己在教学事件发生时的心理状态。教育叙事能改善教师职业生存状态,促进教师专业化的发展。高职教育注重培养学生的实际操作能力,并要求和实际生活贴近,这就要求老师在备课、讲课时加入生活元素,幼儿教育叙事创作与演讲能力的培养恰恰符合这一宗旨和要求,并能够有针对性地培养学生适应社会需求和工作要求的知识、情感和技能。只要幼儿教师热爱教育,善于观察、体验和反思自己的教育生活,就能写出很好的叙事研究文章。通过教育叙事的创作,能够让每一位幼儿教师成为主动的研究者、探索者。

二、培养标准

(一)培养目标

本专业培养具有良好思想道德品质、扎实的学前教育专业知识,具有观察幼儿、分析幼儿的基本能力以及对幼儿实施保育和教育的技能,能在保教机构及其他相关机构从事保教等方面工作的应用型幼儿教育人才。学生的学习目标应将知识与技能,方法与过程,情感、态度和价值观这三方面融为一体。斯腾豪斯曾呼吁:"教育要取得重大改进,就必须形成教师能够接受有助于教学的研究传统。"教育叙事研究主张从日常生活、教学中发现问题,灵活地运用口述、观察、日记以及书信和文献分析等各种方式,采用第一人称的形式来描述、记叙教育事件。可见,无论是研究问题的确定,还是研究方式、资料的分析方法都能被教师掌握,不像量化研究需要教师有较高的专业理论;同时,教育叙事的研究成果比起传统的教育论文更能引起读者的共鸣,从而体现了这种研究的价值。教育叙事研究就是把教育问题的学术研究放置到广阔的教育天地中、鲜活的教育生活中,这无疑是教育研究走进个体的生活体验,使其具有生活意义提供了契机。

1. 知识与技能

了解教育叙事的主要内容和写作形式,掌握幼儿教育叙事创作与演讲的基础知识,并能运用所学知识创作出符合标准的幼儿教育叙事,将创作出的教育叙事进行有感情的演讲,从而培养学生幼儿教育叙事的教学实践能力和科研能力。

2. 方法与过程

能够根据主题挖掘教育故事的来源,探索幼儿教育叙事创作与演讲的方法,由此发现幼儿教育叙事创作与演讲的要领,学会选择有价值、有意义的故事,体验教学活动的探索性和挑战性。

3. 情感、态度和价值观

学生通过自主探索和合作交流,敢于发表自己的观点,能从交流中获益,提高自己的写作水平和语言表达能力。通过教育叙事的创作与演讲,增强学生对幼儿及幼儿教育事业的热爱之情,坚信从事幼儿教育事业的信念,增强学习动力。

(二)教学标准

1. 知识标准

(1)幼儿教育叙事创作与演讲教学任务分解(见表7-1)。

表7-1 幼儿教育叙事创作与演讲教学任务分解表

项目	任务	任务分解	教学任务
项目一:理论讲授(幼儿教育叙事的创作与演讲)	认知	幼儿教育叙事创作	了解教育叙事的内涵与外延
			掌握教育叙事的研究内容
			把握教育叙事的基本内容框架
			学会选择有价值、有意义的故事(教学故事、生活故事或管理故事)
			掌握教育叙事的特点及写作要求
		幼儿教育叙事演讲	演讲的有关知识
			教师撰写幼儿教育叙事的思路
			教师撰写幼儿教育叙事的价值
			教育叙事的演讲
项目二:实习实训(幼儿教育叙事创作与演讲)	实践	幼儿教育叙事创作	到幼儿园参观实践
			记录有价值、有意义的故事(教学故事、生活故事或管理故事)
			创作出符合要求的幼儿教育叙事
		幼儿教育叙事演讲	阐述教育叙事创作的过程及价值
			有感情地进行教育叙事演讲
			教学流程图

2. 能力标准

职业能力是幼儿教师完成教育教学实践活动的基本保证,也是教育教学能力的综合体现。学前教育专业学生职业能力的培养应以学生对本专业的认可为前提,以教学实践为根本路径。因此在课堂教学中,以学生的发展为本,以学生的活动为主线,让学生充分地参与到课堂活动中来,为了实现这一要求,将幼儿教育叙事创作与演讲的教学过程分为:设疑促思→解剖案例→深化明了→现场研究→叙事创作→合理分组→选优推荐→反馈评价→总结升华→拓展延伸十个环节,每个环节紧密相连、相互促进,将学生能力的提高纵贯整个过程。

这一流程符合学生学习的认知规律,将感知与实践相结合,使学生能深刻地理解所学的知识。此外,该流程将教学由课堂向课前、课后延伸,这样既扩大了学生思维的空间,又使学生充分利用了时间,能将课前准备、课内交流、课后反思有机结合起来,融教、学、做为一体,既有利于知识的掌握,又有利于能力的培养。

3. 品德标准

培养学生热爱学前教育事业,热爱祖国,热爱人民,拥护中国共产党的领导,拥护党的方针政策,政治上和党中央保持一致;热爱幼儿教育事业,公正、平等地对待每一个幼儿;能说一口流利的普通话,并达到国家普通话考试二级乙等以上水平;能写一手好字;具有健康的体魄。具有良好的职业理想,履行教师职业道德规范。鼓励学生关爱幼儿,尊重幼儿人格,富有爱心、责任心、耐心和细心,善于发现生活中幼儿的教育故事,养成撰写教育叙事的习惯。为人师表,教书育人,自尊自律,做幼儿健康成长的启蒙者和引路人。

（三）培养模式

高职院校的教育目标是立足于当地经济社会发展的需要,培养一流的人才。为此,在幼儿教育叙事创作与演讲过程中,通过有益的尝试和积极的探索,在开展教育叙事创作和演讲教学过程中进行总结。

1. 主要途径

（1）夯实学生理论基础。教师通过讲授、问答、讨论、案例分析等方式与方法,向学生讲授教育叙事的构思及演讲的理论知识,让学生理解教育叙事的内涵与外延,掌握演讲的有关知识,明确教育叙事的研究内容,把握教育叙事的基本内容框架,学会选择有价值、有意义的故事,掌握教育叙事的特点及写作要求,从而为后期演讲奠定坚实的理论基础。比如在案例分析中,采用先由学生独立分析或分小组讨论,然后到课堂上进行全班讨论的形式。教学中,教师引导学生寻找正确的分析思路,而不是把自己的观点强加给学生,教师对案例分析的总结,不是对结果或争论下结论,而是对学生们的分析进行归纳、拓展和升华。

（2）进行现场资料收集。教育叙事研究立足于日常实践,幼儿园或课堂本身就是学生进行教育叙事研究的场所或现场。但是教育叙事不是事件的实录,而是体现为一种经过选择、演绎、诠释的经验、经历和过程。因此,在幼儿园见习过程中,要经常提醒学生关注日记和日志的运用,记录有价值、有意义的故事(教学故事、生活故事或管理故事)。日记提供个人对即时事件的描写、感受,通常是属于个人的记录,如描述性记录、理论备忘录、观点摘录、一己之见和推论等。特别是理论记录,这应在教学实践中反复向学生强调,因为由观察而联想到的相关理论观点往往是一瞬间的闪现,过后容易遗忘,而及时记录下来会对以后的研究工作与思考带来极大的便利,对教育极有帮助。

(3)注重提炼总结。教育叙事创作与演讲过程中,学生往往会收集到大量的一手资料。但是如何从中提取更为精华的东西,是一个艰苦的过程,需要提炼和整理,进行选择和取舍。因为,所有资料都掺杂了生活原态,需要用"慧眼"去识别和甄选。虽然我们可能也是就所关注的主题来进行教育生活实际的记录,但终究要剔除一些非本质的东西,而剩下的精华则应该是深切关注、探究本质的。因此,在庞杂的资料中,往往是取其闪光点,对其进行深度挖掘。如果注重了宽度,可能就会忽视了深度,因此,必须处理好注重深度和把握宽度的关系,找准二者之间的平衡点。

(4)引导学生进行意义诠释。教育叙事探究,关注的不是"叙"或者"事",它最终的目标是探究,通过表面的叙事,来关注教育的事理,通过叙事来反思,在反思中探究,以探究提升教育理论,改进教育实践。而所反思的,就是要深挖的。在叙述的过程中不可能对每一个细节都倾注相同的精力,所以,一定是有所取舍,才能达成目标。这就是所谓对意义的追寻,正如马克斯·范梅南所说:"我们试图在各种经验性的解释中发现'某种揭示性的'东西、'有意义的'东西、'主题性的'东西,我们努力从中进行有意义的挖掘"。对教育叙事探究的参与,使得对教育问题思考的空间不断扩大,但也由此看到了距离叙事探究的差距,也正是有这种感觉,更有一种要努力去看清楚的欲望。没有对教育叙事探究的认识设置框架,而是在不断开展的进程中让自己去体会,不断地领悟,由此而提升自己的认识,这也正是叙事探究的魅力所在。

教育叙事创作与演讲是一种不断反思自身教育生活与实践的专业精神,以及对教师和学生在日常教学情境中教与学的交往、追问的过程。因此,在教学过程中,我们将"现场研究→叙事创作→合理分组→选优推荐→反馈评价→总结升华→拓展延伸"等一系列动作纵贯整个过程。通常是针对一个特定的问题,如:如何写好教育叙事,教育叙事的特点,撰写教育叙事的价值、演讲技巧及应注意问题等,事先进行较充分的准备,然后由学生聚集在一起,在轻松的氛围中进行畅谈,相互启发、争论,形成相同或不同的思路。这种反思与追问在教育叙事过程中,有利于学生对经验的重组和理解。在教学过程中,要经常提醒学生,如果期望自己的创作和演讲能引导读者和听众反思,那就需要对教育叙事进行深度的意义诠释。

(5)增强教育叙事创作与演讲的实践功能。教育叙事创作与演讲是为训练学生思维和口头表达能力,提高学生整体素质和综合竞争力而设置的课程。在实施过程中,我们根据学生的兴趣和需要,搜集一些相关的经典录音、录像资料,如:普通话听说技能训练、名人演讲集、大学生演讲比赛等,通过这些音像资料,让学生感到演讲是具体的而不是抽象的。同时精心设计多种多样符合他们生活实际的生活情境、问题情境和社会情境,让他们去思考、去分析该如何解决这些问题,又该如何进行演讲才能达到良好的效果,使学生能够更快地提高应变能力。在考核方面,过去的考试方式多为笔试、开卷考试或者是相关的命题论文,这些考查方式虽然能够反映学生对相关知识的掌握程度,但却很难全面提升学生对教育叙事创作与演讲的独立运用能力。在新的考核方法中,采用现场展示为主,或口试和笔试相结合的方法,以充分体现课程的教学要求,活学活用,活练活考。通过学习实践,同学们逐渐达到观察细致、到位,分析准确、全面,语言表达简练、幽默,课堂气氛生动、活泼,充分体现了以学生为主体的教改理念。

2. 培养模式

(1)教学目标综合化。在教学目标上,将知识与技能,方法与过程,情感、态度和价值观这几个方面融为一体,既传授幼儿教育叙事创作与演讲的基础知识,又培养学生幼儿教育教学实践能力和科研能力,还增强了学生对幼儿及幼儿教育事业的热爱之情,实现了三者有机结合。

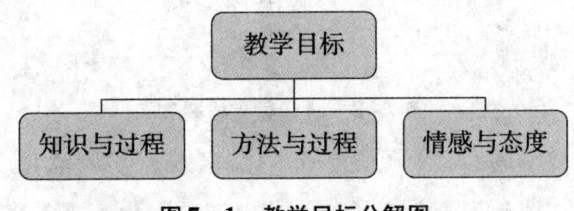

图7-1 教学目标分解图

(2)教学内容项目化。教学内容项目化是指根据职业能力培养需要和地方产业发展需求,将课程的教学内容设计成训练具体技能的项目,并根据项目组织原则,实施教学与考核以培养学生专业能力的课程设计。为了更好地实现这一要求,将幼儿教育叙事创作与演讲教学内容分为理论讲述和实践实训两个项目:项目一主要是幼儿教育叙事创作与演讲的理论知识讲授;项目二主要是指让学生创作并演讲幼儿教育叙事的实践能力培养。

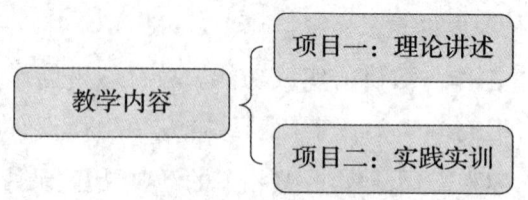

图7-2 子项目分解图

(3)教学过程系统化。在课堂教学中,以学生的发展为本,以学生的活动为主线,让学生充分地参与到课堂活动中来。为了实现这一要求,将"设疑促思→解剖案例→深化明了→现场研究→叙事创作→合理分组→选优推荐→反馈评价→总结升华→拓展延伸"纵贯整个过程。

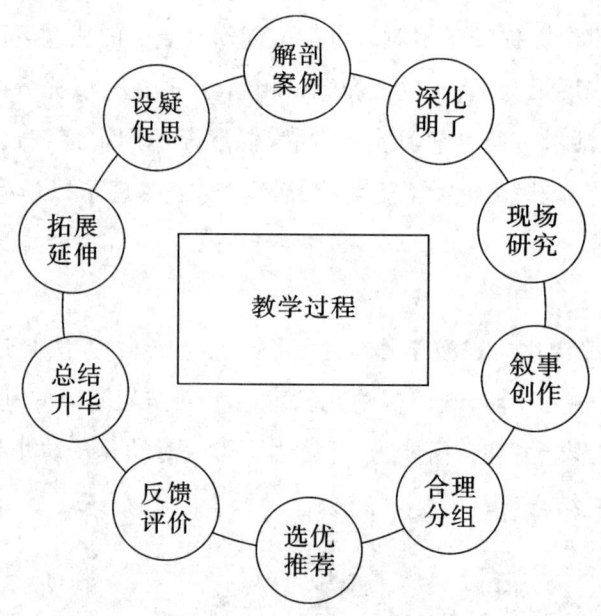

图7-3 教学过程模式图

关注问题,优化教学内容,教学方法多样化,实践教学规范化。在教学过程中,诱发学生的探索兴趣,在课堂上充分运用启发式、参与式、研究式等多种教学方式有机结合。加强师生间的互动,教师因势利导,通过恰当的形式,让学生充分展示学习成就,使学生体验到学习成功的喜悦,增强学习的积极性、主动性和创造性,确立学生在课堂教学中的主体地位,培养其思维能力和分析解决问题的能力。

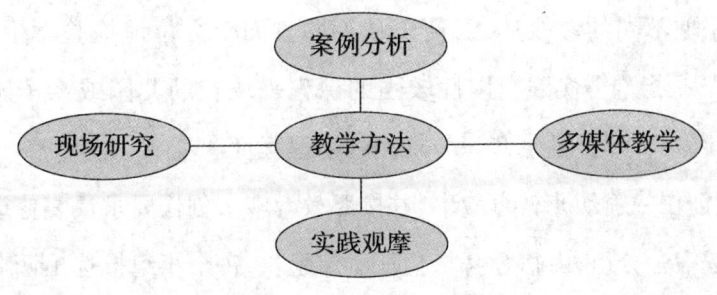

图7-4 教学方法模式图

(4)教学评价多元化。采取形成性评价和终结性评价相结合,定性评价与定量评价相结合,以定性评价为主的教学评价机制。将质性评价引入教学评价机制,合理规范教学。在量化评价中,注重对学生知识应用能力和日常行为的考核,具体包括热点评述、课程作业、课外调查、行为实践、考勤、期中测验等六部分内容,占总成绩的60%,教育叙事的创作与演讲这两部分占总成绩的40%。

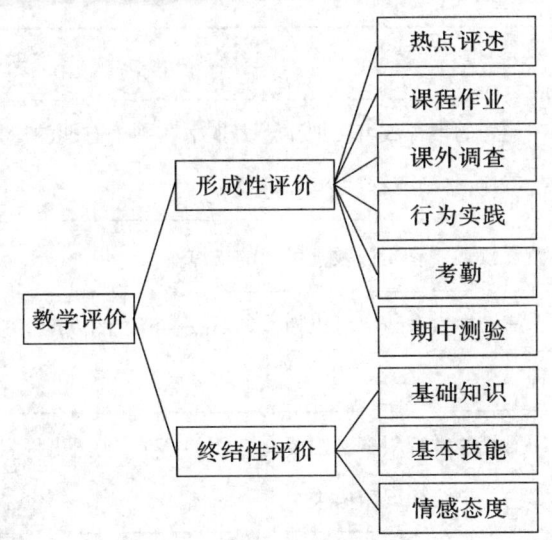

图7-5 教学评价模式图

（四）考核标准

改变传统的期末一次性闭卷考试的方式,构建"全程式、多元化、仿真化"的新型专业课程考试模式。所谓"全程式",是指在专业课程教学过程中实施多阶段性的考核,分阶段地检验学生对每个教学项目与技能的掌握程度和教师的教学效果,使教师及时发现问题,调整教学方法。所谓"多元化",是指根据不同教学项目要求以及学习内容的特点,采取不同的考核形式,便于从不同方面全方位地检验学生的学习效果。所谓"现场化",是指部分实践应用性较强的课程采取在幼儿园或亲子园现场真实的环境或仿真的环境下评价学生知识与技能的掌握程度。

每位同学创作一篇幼儿教育叙事,并按照教育叙事创作要求反复修改。在此基础上,每个班级按宿舍分组,由宿舍舍长担任小组组长,每个小组推选出两名同学进行演讲,并推选出除演讲同学之外的一名同学作为学生评委,根据演讲标准评分,演讲得分由教师评分和学生评委评分两部分构成,每个小组推选出的两位同学得分的平均分即是该小组每位同学的演讲得分。最后,班级每位同学的得分是由自己创作的幼儿教育叙事得分和小组同学的演讲得分构成。这样的考核方式既能充分发挥学生的个性,又能培养学生的团队合作精神。

表7-2 幼儿教育叙事创作评价标准(满分100分)

评价要点	评价内容
主题鲜明(35分)	一篇好的教育叙事要把注意力集中在一个有趣的论题上,它应是生动事例的再现,必须要有一个中心论题。
思想正确(10分)	教育叙事要有先进教育思想的支撑。
意义深刻(35分)	一篇好的教育叙事可以使读者对故事涉及的人产生移情作用,明白某种"道理"。
情节生动(10分)	一篇好的教育叙事必须要有有趣的情节,能把事件发生的时间、地点、人物等按一定结构展示出来。
形象感人(5分)	教育叙事中要有"人",刻画人物要形象、生动、感人。
事件真实可信(5分)	所叙述的事件应是发生在自己身边的真实的事情,不能虚构。

表7-3 幼儿教育叙事演讲评价标准（满分100分）

评价项目	评价要点
主题情节(30分)	1. 演讲者必须撰写一篇好的教育叙事文本，思想内容能紧紧围绕主题，观点正确、鲜明、见解独到，内容充实具体，生动感人。(15分)
	2. 材料真实、典型、新颖，事迹感人、实例生动，反映客观事实，具有普遍意义，体现时代精神。(10分)
	3. 叙事结构严谨，构思巧妙，引人入胜。(5分)
	4. 叙述清晰，细节描写生动，揭示人物的心理，细腻刻画冲突情节。(5分)
语言表达(30分)	1. 演讲者语言规范，吐字清晰，声音洪亮圆润，语音纯正，语言生动。(10分)
	2. 演讲表达准确、流畅、自然。(10分)
	3. 语言技巧处理得当，语速恰当，语气、语调、音量、节奏张弛符合思想感情的起伏变化，能熟练表达所演讲的内容，能准确、恰当地表情达意，感情充沛。(15分)
教育反思(30分)	思想正确，体现在反思教育事件中显露出的教育理念和教育思想，具有一定的启迪作用。(30分)
综合印象(5分)	演讲者着装朴素端庄大方，举止自然得体，有风度，富有艺术感染力。(5分)
会场效果(5分)	演讲具有较强的感染力、吸引力和号召力，能较好地与听众感情融合在一起，营造良好的演讲效果。(5分)

项目八　幼儿园教育活动设计与指导能力

一、培养理念

幼儿园教育活动设计与指导能力是对幼儿教师最基本的要求,也是学前教育专业学生14项专项能力之一。幼儿园教育活动设计与指导是学前教育专业的一门专业技能课,是学前教育专业的核心课程。本课程是根据《幼儿园教育指导纲要(试行)》的精神要求,从理论和实践两方面指导幼儿园开展五大领域(健康、语言、社会、科学、艺术)活动的专业必修课。该课程担负着为未来幼儿教师培养教育活动设计与指导专项能力的重任。该课程按照专业能力培养要求设定目标,按照项目化要求选择教学内容,按照教学做一体化设计教学模式,按照发展性评价设定考核标准。在教学过程中,将理论教学内容与实训内容有机地揉合在一起,组合成若干个教学项目,师生双方边教边学边做,理论和实践交替进行,使理论知识的学习与实际操作训练紧密结合,使教学内容更具针对性,教学过程更具实效性,突出学生动手能力和专业技能的培养,充分调动和激发学生的学习兴趣。

二、培养标准

(一)培养目标

知识目标:通过本课程的学习,要求学生树立科学的儿童观,了解幼儿园各领域活动的含义、目标,熟悉幼儿园各领域教育的教学内容,熟练掌握幼儿园教育的教学方法,具备活动设计与指导的理论功底。

能力目标:能够设计幼儿园各类活动方案;能够有效组织指导幼儿园教育活动,能够客观地分析和评价教育活动,具有实践操作能力。

情感目标:培养学生热爱儿童、热爱学前教育工作的情感及投身学前教育事业的职业品质;提高爱岗敬业、勇于创新、团结协作等方面的素质;树立现代化的儿童观、教师观及先进的学前教育观。

(二)教学标准

设计课程时打乱按章节编排的体系,用综合性的项目串联、反映、优化知识,用项目将知识与能力相互联系、衔接,做到理论、知识、能力相辅相成,理论催生能力,在能力培养过程中巩固知识,从而有效培养学生的职业应用能力。

1. 教学项目及课时安排

表 8-1 教学项目及课时安排表

教学项目	项目内容	理论课时	实践课时	总课时
项目一	幼儿园健康教育活动设计与指导	2	4	6
项目二	幼儿园科学教育活动设计与指导	2	4	6
项目三	幼儿园语言教育活动设计与指导	6	10	16
项目四	幼儿园社会教育活动设计与指导	6	10	16
项目五	幼儿园艺术教育活动设计与指导	6	10	16
合计		22	38	60

2. 内容标准及要求

表 8-2 教学内容标准及要求一览表

项目内容	内容要求	
幼儿园健康教育活动设计与指导	任务描述	知识:了解幼儿园健康教育活动的含义、目标;熟悉幼儿园健康领域教学内容,掌握幼儿园健康教育教学方法。 能力:能够运用幼儿园健康教育活动基础理论设计幼儿园健康教育活动方案;能够有效实施活动方案;能够客观评价教学活动。 素质:能够团结合作、勇于创新,树立科学的儿童观、教育观。
	操作步骤	1. 观摩幼儿园优秀的健康教育活动视频,记录视频中教师的教学步骤。 2. 学习幼儿园健康教育活动设计与指导的相关理论知识。 3. 设计幼儿园健康教育活动教案。 4. 分组开展幼儿园健康教育活动。 5. 活动评价反思。

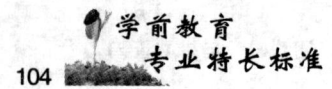

续表

项目内容	内容要求	
幼儿园科学教育活动设计与指导	任务描述	知识：了解幼儿园科学教育活动的含义、目标；熟悉幼儿园科学领域教学内容；掌握幼儿园科学教育教学方法。 能力：能够运用幼儿园科学教育活动基础理论设计幼儿园科学教育活动方案；能够有效实施活动方案；能够客观评价教学活动。 素质：能够团结合作、勇于创新，树立科学的儿童观、教育观。
	操作步骤	1. 观摩幼儿园优秀的科学教育活动视频，记录视频中教师的教学步骤。 2. 学习幼儿园科学教育活动设计与指导的相关理论知识。 3. 设计幼儿园科学教育活动教案。 4. 分组开展幼儿园科学教育活动。 5. 活动评价反思。
幼儿园语言教育活动设计与指导	任务描述	知识：了解幼儿园语言教育活动的含义、目标；熟悉幼儿园科学领域教学内容；掌握幼儿园教育教学方法。 能力：能够运用幼儿园语言教育活动基础理论设计幼儿园语言教育活动方案；能够有效实施活动方案；能够客观评价教学活动。 素质：能够团结合作、勇于创新，树立科学的儿童观、教育观。
	操作步骤	1. 观摩幼儿园优秀的语言教育活动视频，记录视频中教师的教学步骤。 2. 学习幼儿园语言教育活动设计与指导的相关理论知识。 3. 设计幼儿园语言教育活动教案。 4. 分组开展幼儿园语言教育活动。 5. 活动评价反思。

续表

项目内容		内容要求
幼儿园社会教育活动设计与指导	任务描述	知识：了解幼儿园社会教育活动的含义、目标；熟悉幼儿园社会领域教学内容；掌握幼儿园社会教育教学方法。 能力：能够运用幼儿园社会教育活动基础理论设计幼儿园社会教育活动方案；能够有效实施活动方案；能够客观评价教学活动。 素质：能够团结合作、勇于创新，树立科学的儿童观、教育观。
	操作步骤	1. 观摩幼儿园优秀的社会教育活动视频，记录视频中教师的教学步骤。 2. 学习幼儿园社会教育活动设计与指导的相关理论知识。 3. 设计幼儿园社会教育活动教案。 4. 分组开展幼儿园社会教育活动。 5. 活动评价反思。
幼儿园艺术教育活动设计与指导	任务描述	知识：了解幼儿园艺术教育活动的含义、目标；熟悉幼儿园艺术领域教学内容；掌握幼儿园艺术教育教学方法。 能力：能够运用幼儿园艺术教育活动基础理论设计幼儿园艺术教育活动方案；能够有效实施活动方案；能够客观评价教学活动。 素质：能够团结合作、勇于创新，树立科学的儿童观、教育观。
	操作步骤	1. 观摩幼儿园优秀的艺术教育活动视频，记录视频中教师的教学步骤。 2. 学习幼儿园艺术教育活动设计与指导的相关理论知识。 3. 设计幼儿园艺术教育活动教案。 4. 分组开展幼儿园艺术教育活动。 5. 活动评价反思。

(三)教学内容

项目一　幼儿园健康教育活动设计与指导

任务一　幼儿园健康教育活动的设计

1. 幼儿园健康教育活动概述

(1)幼儿园健康教育活动的含义。

幼儿园健康教育是根据幼儿身心发展的特点,以提高幼儿的健康认识,改善幼儿的健康态度,培养幼儿的健康行为,维护和促进幼儿的健康为核心目标而开展的有组织、有计划、有目的的一系列教育活动。它的关键是使幼儿养成健康的行为习惯。

(2)幼儿园健康教育的目标及要求。

《幼儿园教育指导纲要(试行)》明确提出了幼儿园健康领域的总目标:

①身体健康,在集体生活中情绪安定、愉快。

②生活、卫生习惯良好,有基本的生活自理能力。

③知道必要的安全保健常识,学会保护自己。

④喜欢参加体育活动,动作协调、灵活。

《幼儿园教育指导纲要(践行)》明确提出了幼儿园健康要领式的要求:

①建立良好的师生、同伴关系,让幼儿在集体生活中感到温暖,心情愉快,形成安全感、信赖感。

②与家长配合,根据幼儿的需要建立科学的生活习惯。培养幼儿良好的饮食、睡眠、盥洗、排泄等生活习惯和生活自理能力。

③教育幼儿爱清洁、讲卫生,注意保持个人和生活场所的整洁和卫生。

④密切结合幼儿的生活进行安全、营养和健康教育,提高幼儿的自我保护意识和能力。

⑤开展丰富多彩的户外游戏和体育活动,培养幼儿参加体育活动的兴趣和习惯,增强体质,提高对环境的适应能力。

⑥用幼儿感兴趣的方式发展基本动作,提高动作的协调性、灵活性。

⑦在体育活动中,培养幼儿坚强、勇敢、不怕困难的意志品质和主动、乐观、合作的态度。

(3)幼儿园健康教育的内容。

①幼儿园身体保健教育的主要内容:

幼儿生活卫生习惯教育:生活自理习惯,生活作息习惯,清洁卫生习惯,学习卫生习惯。

幼儿身体生长教育:人体认识与保护教育,疾病防治常识教育,生长发育常识教育。

幼儿饮食与营养教育:食品营养和饮食卫生知识教育,饮食行为习惯教育。

幼儿安全自护教育:生活安全常识教育,活动安全常识教育,粗浅的药物安全常识教育,应付和处理意外事故的简单知识与技能教育,基本的自我保护能力教育。

②幼儿心理健康教育活动的主要内容:情绪情感教育,社会交往教育,性启蒙教育。

③幼儿园身体锻炼活动的主要内容:基本动作和游戏,基本体操和队列队形,器械类活动和游戏。

2. 幼儿园健康教育活动的设计

(1)幼儿园健康教育活动设计的基本思路。

①活动名称。

活动名称体现的是一个健康教育活动的主题。在活动名称的前面或后面要附上能反映健康领域特点的内容及适合的年龄班。活动名称应主题鲜明、简洁明了。如大班体育教学活动"学跳橡皮筋",中班健康领域教学活动"我爱小手"等。有时为了引起幼儿对活动的兴趣和好奇,活动名称应生动有趣,如小班身体保健教育活动"甜蜜的梦乡",小班心理健康教育活动"大拇指哭了"等。

②活动目标。

具体的健康教育活动目标是幼儿园健康教育总目标和年龄阶段目标的细化。在制订具体的健康教育活动目标时,幼儿教师一般既要考虑本班幼儿的身心发展的状况及具体水平,又要充分发挥自身的才能,力求活动目标得以圆满实现。具体的健康教育活动目标应难易适中,表述准确具体、简洁清晰,表述方式一致,具有可操作性;目标内涵不要过大,条目不要过多,一般为2~3条,在确立目标过程中要明确哪些目标是直接的重点目标(即核心目标),哪些目标是间接的次要目标,在目标陈述中要突出直接重点目标的位置,做到目标全面而又重点突出。

③活动准备。

物质条件和环境创设。如根据季节、天气选择或准备安全卫生、光线充足的活动场所,提供充足的教具、学具等。

教师自身的准备。如相应的知识结构、能力水平、应急心理准备等。

幼儿的准备。如相应的知识经验、认知能力、动作技能及活动前的如厕、着装检查等。

④活动过程。

导入:导入环节的主要目的就是在较短时间内引起幼儿无意识的注意,激发幼儿的活动兴趣,为活动的展开作铺垫。导入的方式根据活动内容的不同而不同,可通过游戏、情境表演、故事、儿歌、谜语、新奇的教具、学具或材料、图片等方法引入。此环节的时间不宜过长。

展开：展开环节是实现健康教育活动目标的主要部分，是活动的重点和难点所在，主要是教师引导幼儿进行探究、体验和练习。在设计这一环节活动时，教师应注意的问题：该环节应该分为几个活动步骤？各步骤必须分别达成什么目标？各步骤的时间如何分配？该环节的重点和难点是什么？应如何突破？应该采取什么方式、方法？如何充分调动幼儿的积极性、主动性？在此环节，活动的步骤要清楚，环节过渡要流畅，同时也要为具体的实施留有余地。

结束：活动结束的方式因活动内容不同而有较大差异。一般而言，身体保健教育活动、心理健康教育活动的结束多以评议、总结的形式进行，可以以小组为单位进行讨论、评议，师生共同参与评议（中、大班可以互评自评），最后教师总结；而体育教学活动结束的方式一般包括两个方面：一是做一些身体放松的游戏或动作；二是对本次体育教学活动的简单小结。教师对健康教育活动进行小结时，应以积极客观、宽容的态度对幼儿在活动中的表现进行评价，肯定和称赞幼儿的努力和成功，应注意语言简洁、精练。教师也可以引导幼儿自然过渡到下一个活动延伸环节，让幼儿在轻松、愉快的情绪中自然而然地结束活动。

⑤活动延伸。

健康教育活动不是止于特定的某一次活动，而是一个长期、持续的过程，目标的达成也不是一次活动就能完成的，特别是习惯的培养、心理素质的提高及动作技能的掌握，不是一朝一夕就能实现的。所以，活动延伸不可缺少。活动延伸的方法有家园共育、领域渗透、环境创设、区角活动等。如教师利用健康教育活动教幼儿学会了正确的刷牙方法，在活动结束后的当天，就应该及时在家园联系栏上给家长留言，要求家长在家中督促幼儿按时以正确的方法刷牙，帮助幼儿巩固刷牙的正确方法，并养成良好的刷牙习惯。

教学案例

中班健康教育活动"我爱吃水果"
【活动目标】
1. 了解几种常见水果的营养价值，懂得常吃水果有利于身体健康。
2. 初步了解常见水果的食用方法。
3. 喜欢并愿意主动吃多种水果。

【活动准备】

1. 各类常见的水果彩色图片若干,苹果、香蕉、猕猴桃的手偶。

2. 品尝水果用的碗、勺、餐巾纸等。

3. 装有各种水果的魔术盒子。

【活动过程】

1. 谜语导入,激发兴趣。

(1)红红脸,圆又圆,亲一口,脆又甜。(苹果)

(2)弯弯的月儿小小的船,小小的船儿两头尖。(香蕉)

(3)青青果子浑身毛,绿色果肉味佳肴。(猕猴桃)

2. 出示图片,引导幼儿。

出示常见水果的彩色图片,引导幼儿看一看、说一说:你认识哪些水果?你喜欢吃哪些水果?不喜欢吃哪些?为什么?

3. 讨论水果对人体的作用。

人为什么要经常吃水果?不吃身体会出现哪些不好的后果?(启发幼儿结合自己的生活经验大胆自由地表达)

4. 做游戏,亲密接触水果。

"百宝箱"里放了好多水果,请小朋友摸一摸水果,摸的时候要说出自己摸到的水果是什么形状,并说出水果的名字。

5. 尝水果,说味道。

小朋友把摸出来的水果尝一尝,尝完水果说出水果是什么味道。如,香蕉甜甜的软软的,橘子酸酸的等。

6. 说水果。

鼓励幼儿尝试用完整的句子表达出喜欢吃的水果。如,我喜欢吃苹果,它是圆圆的。

活动小结:①水果具有丰富的营养,对人体很重要。我们要经常吃水果。②每一种水果含有的营养成分是不一样的,只有经常吃各种各样的水果,身体才会更健康。

【活动延伸】

1. 建议家长常带孩子去超市或水果市场,一起购买水果及其他食品。

2. 讲关于水果的故事。

任务二 幼儿园健康教育活动的指导

1. 幼儿教师必须积累扎实的幼儿卫生学和幼儿心理学知识

这是进行幼儿园健康教育的前提。因为幼儿健康教育有其自身的知识背景,实施过程中十分强调知识信息传播的科学性和准确性。幼儿教师如果不了解幼儿身心发展的年龄特征,就不可能选择正确的适宜幼儿身心发展的健康教育内容,也就不可能实现健康教育活动目标,甚至可能损害幼儿身心健康。

2. 师幼活动应始终围绕活动目标进行

每一个幼儿园健康教育活动都要实现一定的活动目标,活动目标是每一个幼儿园健康教育活动的出发点和归宿。因此,师幼活动应始终围绕活动目标进行,教师在活动中要重视前后步骤与环节的过渡,使目标和内容自然连贯,促成幼儿的学习从低层次向更高层次发展,保证活动目标的有效实现。

3. 调动幼儿的各种感官,以多种形式让幼儿参与活动

在每一个幼儿园健康教育活动组织过程中,教师都要充分调动幼儿的各种感觉器官,以多种形式让幼儿参与活动,使幼儿成为整个活动的主体,让幼儿真正成为活动的主角,而不是停留在"教师讲、幼儿听,教师演示、幼儿看"的状态。

4. 幼儿教师必须注意教学语言的形象生动性及启发性

具体形象性是幼儿思维的基本特点,这个特点决定了幼儿更容易理解和接受直观、生动、具体的教育影响,特别是对观念的感知和理解,更需要借助形象来展示来讲解。因此,在幼儿园健康教育活动组织过程中,幼儿教师必须善于运用直观形象的语言来帮助幼儿理解和感知各种抽象事物、词语和概念等。

5. 及时生成,灵活调整

每个幼儿都是作为独特、不可替代的生命个体而存在,不同的幼儿在认知、情感、个性等方面都存在着独特的生长点。因此,正视幼儿个体生命的差异性应是幼儿园健康教育的基本要求。幼儿教师应了解幼儿的需要、兴趣及认知水平,尊重幼儿的愿望,处理好教师的预设目标与幼儿的需要、兴趣及认知水平之间的关系,根据活动进程与幼儿实际情况及时、灵活地调整活动目标及活动环节。

项目二 幼儿园科学教育活动设计与指导

任务一 幼儿园科学教育活动的设计

1. 幼儿园科学教育活动概述

(1)幼儿园科学教育活动的含义。

幼儿园科学教育是有目的、有计划、有组织的教育活动,其目标是根据幼儿教育的总目标且结合科学教育的特点制订的,是幼儿教育总目标在科学教育领域中的具体体现。

(2)目标。

①对周围的事物、现象感兴趣,有好奇心和求知欲。

②能运用各种感官,动手动脑,探究问题。
③能用适当的方式表达、交流探索的过程和结果。
④能从生活和游戏中感受事物的数量关系并体验到数学的重要和有趣。
⑤爱护动植物,关心周围环境,亲近大自然,珍惜自然资源,有初步的环保意识。

(3)幼儿园科学教育活动的内容与要求。

①引导幼儿对身边常见事物和现象的特点、变化规律产生兴趣和探究的欲望。

②为幼儿的探究活动创造宽松的环境,让每个幼儿都有机会参与尝试,支持、鼓励他们大胆提出问题,发表不同意见,学会尊重别人的观点和经验。

③提供丰富的可操作的材料,为每个幼儿都能运用多种感官、多种方式进行探索提供活动的条件。

④通过引导幼儿积极参加小组讨论、探索等方式,培养幼儿合作学习的意识和能力,学习用多种方式表现、交流、分享探索的过程和结果。

⑤引导幼儿对周围环境中的数、量、形、时间和空间等现象产生兴趣,建构初步的数概念,并学习用简单的数学方法解决生活和游戏中某些简单的问题。

⑥从生活或媒体中幼儿熟悉的科技成果入手,引导幼儿感受科学技术对生活的影响,培养他们对科学的兴趣和对科学家的崇敬。

⑦在幼儿生活经验的基础上,帮助幼儿了解自然、环境与人类生活的关系;从身边的小事入手,培养初步的环保意识。

2. 设计幼儿园科学教育活动

同幼儿园健康教育活动。

任务二　幼儿园科学教育活动的指导

1. 创设宽松的操作探究环境

在实验操作活动中,幼儿经常会有一些荒诞的想法,产生一些离谱行为,偏离了教师预想轨道。这正是幼儿好奇心强、探究欲望强烈的一种表现。教师应充分尊重和理解幼儿,包容幼儿在探究过程中的错误。接纳和欣赏幼儿的每一个想法和行为,并给予激励性的评价,这样才能使幼儿在教学活动中大胆地按照自己的想法去做,把自己的想法表达出来,从而调动幼儿探究周围事物的主动性和积极性。

2. 提供充足、多样的材料

实验操作活动过程是幼儿操作材料以获得发现的过程,因此充足的活动材料准备是幼儿实验操作中必不可少的物质保证。在实验操作型活动中准备材料时教师应注意以下几方面:

(1)支持和鼓励幼儿大胆探究。

在科学活动中,教师应为幼儿创设宽松自由的心理氛围,为幼儿的自主探索创设条件。因此,当幼儿在探索过程中遇到困难、感到疑惑时,教师应以支持和鼓励的态度对待幼儿的探索行为。在赞赏、鼓励中,孩子学会了大胆地探索,也增强了自信。特别是对于胆小的幼儿,教师的鼓励、支持更能让他大胆、自信地去探索。

(2)要考虑材料和活动目标的关系。

准备活动首先要考虑的是对活动目标的要求。教师要清楚,通过这次活动要使幼儿达到什么目标,就需要准备什么材料,以帮助幼儿更好地达成目标。

(3)材料的种类要多样,数量要充足。

在教学活动中,教师提供的材料应具有多样性,这样不仅能满足不同幼儿的需求,调动幼儿的兴趣,更重要的是通过操作不同类型的材料,能使幼儿获得更为丰富的科学经验。另外,教师提供的材料数量要充足,以保证每个或每组幼儿都有足够的操作材料。

(4)让幼儿自由地选择材料。

在科学探究活动中,教师应允许幼儿根据自己的意愿和兴趣,自主选择活动内容、活动材料和合作伙伴,让幼儿自己决定玩什么、怎么玩,对各种科学现象进行感知、观察,真正体现幼儿自主地、自由地探究,这样才能真正实现科学探索室的价值。

(5)适时、适度地提问引导。

科学活动因其自由性和自主性深受孩子们的喜爱,但是,由于幼儿的年龄和相对应的认知水平有限,为使科学活动顺利地开展,需要老师提一些启发性的问题进行引导。最好的介入时间是以下几个时段:当幼儿的探究行为或结果希望得到老师的认可时;当幼儿在探究过程中需要帮助时;当幼儿在探索过程中发生纠纷或者是有放弃探索的行为出现时。同时教师在引导提问时也应注意把握好度。

(6)纲要指导要点。

①幼儿的科学教育是科学启蒙教育,重在激发幼儿的认识兴趣和探究欲望。

②要尽量创造条件让幼儿实际参加探究活动,使他们感受科学探究的过程和方法,体验发现的乐趣。

③科学教育应密切结合幼儿的实际生活进行,利用身边的事物与现象作为科学探索的对象。

项目三　幼儿园语言教育活动设计与指导

任务一　幼儿园语言教育活动的设计

1. 幼儿园语言教育活动概述

(1)幼儿园语言教育活动含义。

广义的幼儿园语言教育是研究0~6岁学前儿童的所有语言获得和学习现象及其规律的训练与教育,是对这一时期儿童加强听、说、读、写的训练与教育。狭义的幼儿园语言教育是3~6岁儿童掌握母语口语的过程,主要研究对象是3~6岁儿童掌握母语的听说训练和教育。

(2)幼儿园语言教育活动目标与要求。

幼儿园语言教育活动目标:

①乐意与人交谈,讲话礼貌;②注意倾听对方讲话,能理解日常用语;③能清楚地说出自己想说的事;④喜欢听故事、看图书;⑤能听懂和会说普通话。

幼儿园语言教育活动要求:

①创造一个自由、宽松的语言交往环境,支持、鼓励、吸引幼儿与教师、同伴或其他人交谈,体验语言交流的乐趣,学习使用适当的、礼貌的语言进行交往。

②养成幼儿注意倾听的习惯,发展语言理解能力。

③鼓励幼儿大胆、清楚地表达自己的想法和感受,尝试说明、描述简单的事物或过程,发展语言表达能力和思维能力。

④引导幼儿接触优秀的儿童文学作品,使之感受语言的丰富和优美,并通过多种活动帮助幼儿加深对作品的体验和理解。

⑤培养幼儿对生活中常见的简单标记和文字符号的兴趣。

⑥利用图书、绘画和其他多种方式,引发幼儿对书籍、阅读和书写的兴趣,培养学前阅读和学前书写技能。

⑦提供普通话的语言环境,帮助幼儿熟悉、听懂并学说普通话。少数民族地区还应帮助幼儿学习本民族语言。

(3)幼儿园语言教育活动内容。

幼儿园语言教育活动内容为:

①学说普通话;②文学活动:故事教学活动、儿歌教学活动;③谈话活动;④讲述活动;⑤阅读活动;⑥语言游戏活动。

2. 设计幼儿园语言教育活动

同幼儿园健康领域活动。

任务二 幼儿园语言教育活动指导

1. 语言能力是在运用的过程中发展起来的,发展幼儿语言的关键是创设一个能使他们想说、敢说、喜欢说、有机会说并能得到积极应答的环境。

2. 幼儿语言的发展与其情感、经验、思维、社会交往能力等其他方面的发展密切相关,因此,发展幼儿语言的重要途径是通过互相渗透的各领域的教育,在丰富多彩的活动中去扩展幼儿的经验,提供促进语言发展的条件。

3. 幼儿的语言学习具有个别化的特点,教师与幼儿的个别交流及幼儿之间的自由交谈对幼儿语言发展具有特殊意义。

4. 对有语言障碍的儿童要给予特别关注,要与家长和有关方面密切配合,积极地帮助他们提高语言能力。

项目四　幼儿园社会教育活动设计与指导

任务一　幼儿园社会教育活动设计

1. 幼儿园社会教育活动概述

(1) 幼儿园社会教育的含义。

幼儿园社会教育是教师根据幼儿园教育目的和一定的社会价值取向,根据幼儿的年龄特点和身心发展水平,以发展幼儿社会性为目的,以帮助幼儿学会人际交往、社会适应为主要内容的教育方式。

(2) 幼儿园社会教育目标及要求。

幼儿园社会教育的目标为:

①能主动地参加各项活动,有自信心。

②乐意与人交往,学习互助、合作和分享,有同情心。

③理解并遵守日常生活中基本的社会行为规则。

④能努力做好力所能及的事,不怕困难,有初步的责任感。

⑤爱父母长辈、老师和同伴,爱集体、爱家乡、爱祖国。

幼儿园社会教育的要求为:

①引导幼儿参加各种集体活动,体验与教师、同伴等共同生活的乐趣,帮助他们正确认识自己和他人,养成对他人及社会合作、亲近的态度,学习初步的人际交往技能。

②为每个幼儿提供表现自己长处和获得成功的机会,增强其自尊心和自信心。

③提供自由活动的机会,支持幼儿自主地选择、计划活动,鼓励他们通过多方面的努力解决问题,不轻易放弃克服困难的尝试。

④在共同的生活和活动中,以多种方式引导幼儿认识、体验并理解基本的社会行为规则,学习自律和尊重他人。

⑤教育幼儿爱护玩具和其他物品,爱护公物和公共环境。

⑥与家庭、社区合作,引导幼儿了解自己的亲人以及与自己生活有关的各行各业人们的劳动,培养其对劳动者的热爱和对劳动成果的尊重。

⑦充分利用社会资源,引导幼儿实际感受祖国文化的丰富与优秀,感受家乡的变化和发展,激发幼儿爱家乡、爱祖国的情感。

⑧适当向幼儿介绍我国各民族和世界其他国家、民族的文化,使其感知人类文化的多样性和差异性,培养理解、尊重、平等的态度。

(3) 幼儿园社会教育的内容。

①人际关系。

②社会环境。

③社会行为规范。

2. 设计幼儿园社会教育活动

同幼儿园健康教育活动。

任务二　幼儿园社会教育活动指导

1. 为幼儿创造发展机会,提供发展的时间和空间

幼儿社会学习离不开社会实践活动,实践需要一定条件,教师有责任为幼儿的社会发展创造条件,提供丰富的活动时间和空间,使他们的社会学习丰富多样,以获得良好的实际效果。幼儿园应合理地安排一日活动的内容,每天给幼儿一定的自由活动时间,而且应该让幼儿的自由活动时间能持续半小时以上。给幼儿一定的活动空间。活动区要满足幼儿参加活动的需要,面积应该足够容纳数名幼儿同时活动,材料数量要相当,这样才能减少他们在共同活动中产生冲突。

2. 建立平等互动、积极有效的师幼关系

平等互动、积极有效的师幼关系是幼儿社会化的重要途径和教育内容。教师和幼儿的互动水平,不仅会影响幼儿对教师的认识和信任度,而且会决定他们将来参与到更广阔的社会生活中其社会情感和行为方式的确立。这就要求教师应真正做到热爱和尊重幼儿,做幼儿活动中的伙伴、合作者、支持者和引导者;重视与幼儿的积极情感交流,平时重视与幼儿的有效沟通,在班级创建安全、宽松、愉快的精神环境;给幼儿充分的信任和无条件的支持,使他们乐于接纳老师,无条件地信任老师,这样教师就能不断地引导幼儿向更高层次的目标发展,取得更好的教育效果。

3. 纲要指导要点

(1)社会领域的教育具有潜移默化的特点。幼儿社会态度和社会情感的培养尤应渗透在多种活动和一日生活的各个环节之中,要创设一个能使幼儿感受到接纳、关爱和支持的良好环境,避免单一呆板的言语说教。

(2)幼儿与成人、同伴之间的共同生活、交往、探索、游戏等,是其社会学习的重要途径。应为幼儿提供人际间相互交往和共同活动的机会和条件,并加以指导。

（3）社会学习是一个漫长的积累过程，需要幼儿园、家庭和社会密切合作、协调一致，共同促进幼儿良好社会性品质的形成。

项目五　幼儿园艺术教育活动设计与指导

任务一　幼儿园艺术教育活动的设计

1. 幼儿园艺术教育活动概述

（1）幼儿园艺术教育的含义。

幼儿艺术教育是指以音乐（含舞蹈）和美术为手段和内容的教育。幼儿艺术教育范畴广泛，幼儿美术、音乐、歌舞、幼儿表演、幼儿文学等都涉及此领域。

（2）幼儿园艺术教育的目标。

①能初步感受并喜爱环境、生活和艺术中的美。

②喜欢参加艺术活动，并能大胆地表现自己的情感和体验。

③能用自己喜欢的方式进行艺术表现活动。

为了实现上述目标，《纲要》对幼儿园艺术教育提出了如下要求：

①引导幼儿接触周围环境和生活中美好的人、事、物，丰富他们的感性经验和审美情趣，激发他们表现美、创造美的情趣。

②在艺术活动中面向全体幼儿，要针对他们的不同特点和需要，让每个幼儿都得到美的熏陶和培养。对有艺术天赋的幼儿要注意发展他们的艺术潜能。

③提供自由表现的机会，鼓励幼儿用不同艺术形式大胆地表达自己的情感和想象，尊重每个幼儿的想法和创造，肯定和接纳他们独特的审美感受和表现方式，分享他们创造的快乐。

④在支持、鼓励幼儿积极参加各种艺术活动并大胆表现的同时，帮助他们提高表现的技能和能力。

⑤指导幼儿利用身边的物品或废旧材料制作玩具、手工艺品等来美化自己的生活或开展其他活动。

⑥为幼儿创设展示自己作品的条件，引导幼儿相互交流、相互欣赏、共同提高。

（3）幼儿园艺术教育的内容。

①幼儿园音乐教育活动：歌唱活动、韵律活动、打击乐活动、音乐欣赏活动。

②幼儿园美术教育活动：绘画、手工、美术欣赏活动。

2. 幼儿园艺术教育活动的设计

同幼儿园健康教育活动设计。

任务二　幼儿园艺术教育活动的指导

1. 艺术是实施美育的主要途径,应充分发挥艺术的情感教育功能,促进幼儿健全人格的形成。要避免仅重视表现技能或艺术活动的结果,而忽视幼儿在活动过程中的情感体验和态度的倾向。

2. 幼儿的创作过程和作品是他们表达自己的认识和情感的重要方式,应支持幼儿富有个性和创造性的表达,克服过分强调技能技巧和标准化要求的偏向。

3. 幼儿艺术活动的能力是在大胆表现的过程中逐渐发展起来的,教师的作用应主要在于激发幼儿感受美、表现美的情趣,丰富他们的审美经验,使之体验自由表达和创造的快乐。在此基础上,根据幼儿的发展状况和需要,对表现方式和技能技巧给予适时、适当的指导。

三、培养模式

课程组从课程实际出发,一方面要重视课程的理论性,又要强调课程的实践性,关注在校学习与实际工作的一致性,建立了教学做一体化的教学模式。每个项目的完成,采用"观摩学习→实时讲解→教案撰写→模拟教学→评价反思"五段学习实践模式,最终形成"幼儿园活动设计、组织、评价能力"。

观摩学习:观摩幼儿园优秀的教育活动视频,记录视频中教师的教学步骤。

实时讲解:学习幼儿园活动设计与指导相关理论知识。

教案撰写:撰写幼儿园教育活动教案。

模拟教学:分组模拟,组织指导幼儿园教育活动。

评价反思:对现场展示进行反思、评价,从中发现问题,进而改进设计方案,进一步提升组织实施幼儿活动的水平。

四、考核标准

考核评价的总体要求是通过评价的导向性引领学生的发展,让学生在操作中形成较强的专项能力。评价要紧扣学生专项能力培养这一重点,做好三个结合三个增加,即老师与学生评价结合,增加学生的评价;结果与过程评价结合,增加过程性评价;成绩评价与多元评价结合,增加实践考核的权重。具体方案如下:课程考核由学习态度、理论知识、课程能力三部分构成。其中,学习态度30%,理论知识30%,课程能力40%。

学习态度:出勤情况以及课堂表现,平时作业完成情况等。

理论知识:考核评价学生的基础理论知识。

课程能力:设计幼儿园活动方案的能力(40%),组织指导幼儿活动的能力(60%)。

1. 设计幼儿活动方案能力考核标准

活动方案结构要完整(包括活动名称、活动意图、目标、准备、过程、延伸);

主题鲜明,富有生活性、时代性;

目标完整,有效实现认识、情感、态度三维目标的融合;

情节丰富、生动,富有故事性、趣味性;

符合各类活动的具体要求,特点鲜明;

符合幼儿年龄特点。

2. 组织指导幼儿活动能力考核标准

以幼儿活动方案为蓝本,以强化学生对活动的组织实施能力为重点,以小组为单位进行现场展示。

表8-3 组织指导幼儿活动能力评分标准

评价指标	评分要求	分值	得分
活动目标	体现新《纲要》教育理念。适宜幼儿的年龄特点和实际水平,明确、具体。目标完整,有机实现认识、情感、态度三维目标的融合,基本能实现预期的活动目标。	10	
活动内容及材料投放的合理性	最大程度地包含了活动的目标,完成目标的内容。能基于幼儿原有的发展水平和经验,符合幼儿的需要和兴趣。来源于幼儿的现实生活,同时结合主题活动的实施,能引发幼儿开展有效活动。	15	
幼儿活动的主体性	活动的组织要充分体现以幼儿为活动主体,教师是幼儿学习活动的合作者、支持者和引导者。通过良好的师幼互动,推动教学活动的开展。	20	
教师指导的合理性	教师指导时做到科学合理,会观察、关注幼儿在活动中的表现和反应。会有效把握指导的时机,适时介入,采取适当的指导策略。对出现的突发事件,能够发挥自己的教育智慧,化解矛盾,丰富和推动活动的发展。	20	

续表

评价指标	评分要求	分值	得分
活动过程的完整性、流畅性	活动的主题、设计意图、活动目标、准备、过程、延伸、评价各个环节完整无缺,且各环节衔接自然。选手姿态、表情、动作自然大方,普通话标准,语言生动、形象、儿童化,表达流畅。	15	
活动的实效性、教育性、发展性	活动效果好,目标达成度高。做到面向全体,让每个幼儿能积极、主动参与活动,并通过活动感到愉悦,受到教育,促进发展。	20	
评分人:		总分:	

项目九 幼儿园一日生活组织与指导能力

一、培养理念

幼儿园一日生活组织与指导能力是幼儿教师职业能力中非常重要的一项能力,是教师保教水平的重要体现。幼儿在园一日生活的组织与指导,从幼儿早晨入园到下午离园,环节较多,事情繁杂,对教师的专业能力要求较高。《幼儿园教师专业标准(试行)》中提出:"把学前教育理论和保教实践相结合,突出保教实践能力","不断提高保教水平","重视生活对幼儿健康成长的重要价值,积极创造条件,让幼儿拥有快乐的幼儿园生活"。把幼儿园一日生活组织与指导能力的培养作为学前教育专业重要的培养目标之一,着重训练学生综合运用所学理论和技能知识,处理幼儿在园一日生活各个环节中发生的问题,既可以增强学前教育专业学生理论与实践相结合的能力,又是职业对一名合格幼儿教师的要求。

幼儿园一日生活组织与指导能力的培养,以保育和教育综合能力的培养为核心,通过专业核心课程的教学,教、学、做一体化训练,既强化学生对保教理论知识的学习,又重视在理论知识掌握基础上的实践动手操作能力的培养。

二、培养标准

(一)培养目标

幼儿园一日生活组织与指导能力培养的总目标是:熟悉幼儿在园一日生活的各项活动,能够运用学到的幼儿保教知识,对幼儿从早晨入园到下午离园的各项活动进行恰当的组织与指导。

知识目标:掌握幼儿身体和心理发展的特点及规律,了解基本的幼儿教育理论知识,了解幼儿游戏指导、幼儿园环境创设、幼儿园一日生活常规以及简单的幼儿园经营与管理基本知识。

能力目标:具有组织与指导幼儿在园一日生活各个环节活动的能力。具体包括:观察和了解幼儿的能力、组织幼儿生活活动和教育活动的能力、设计幼儿园教育环境的能力、处理突发问题和家园合作的能力等。

情感目标:培养学生正确的儿童保育和教育观;热爱幼儿园工作,关爱儿童,能够用积极的心态面对并处理幼儿在园一日生活中出现的各种问题。

(二)能力标准

幼儿园一日生活组织与指导能力是幼儿教师多方面能力的综合体现,具体来说包括生活活动的组织与指导能力、教育活动的组织与指导能力、游戏活动的组织与指导能力、教育环境的创设与利用能力、处理突发问题的能力、户外体育活动的组织与指导能力等。

1. 生活活动的组织与指导能力

幼儿在园一日中的生活活动组织与指导,主要包括入园、进餐、喝水、盥洗、如厕、睡眠、离园等常规性生活活动的组织与指导。教师要从幼儿的年龄特点出发,以保育为主,对各项生活活动进行具体的指导。注重保教结合,积极培养幼儿独立生活能力。

2. 教育活动的组织与指导能力

一日生活中的教育活动是幼儿教师有目的、有计划、有组织地设计与实施的以幼儿教育为目的的活动。活动设计是否合适,能否达到预期目标,从而促进幼儿身体、智力、品德与情感的发展,是评价教育教学活动成功与否的关键。幼儿教师需要具备良好的教育教学设计能力,组织与实施教育教学活动的能力以及教育活动的反思能力等。

3. 游戏活动的组织与指导能力

游戏是幼儿在园一日生活中不可或缺的重要内容。如何最大限度地发挥游戏活动的教育作用,实现游戏活动的价值,培养和发展幼儿多方面的能力,需要教师的精心设计与指导。

4. 教育环境的创设与利用能力

幼儿园教育环境是指在幼儿园内能够对幼儿起到教育作用,促进幼儿身心发展的各种要素的总和。环境对幼儿影响是明显的,幼儿的健康成长离不开环境的积极作用。教师要创设与教育要求相适应的良好环境,利用环境潜移默化的影响作用,与幼儿园其他活动互相配合,促进幼儿的全面发展。

5. 处理突发问题的能力

幼儿园突发问题是指在幼儿园教育教学活动或组织的园外活动中,突然发生的、意料之外的、有可能伤害到幼儿身心健康的事件。幼儿年龄小,自理能力差,自我保护能力弱,但是好奇心强,喜欢探索,常常意识不到周围环境中危险因素的存在,一旦突发危险事件,教师需要具备较强的紧急突发问题的处理能力。

6. 户外体育活动的组织与指导能力

户外体育活动是幼儿体育活动的一种重要的组织形式。幼儿在户外运动,不仅能锻炼体格,而且能直接感受日光、空气和温度等自然因素的刺激,对幼儿身体的运动系统、呼吸系统、循环系统的健康发展非常重要。教师要充分利用户外活动时间,合理组织和实施户外体育锻炼活动,发挥户外活动的积极作用,促进幼儿身体发展。

(三)培养模式

幼儿园一日生活组织与指导能力的培养涉及内容多、涵盖面广,需要通过"学前儿童卫生保健、学前儿童心理发展理论、幼儿园经营与管理、学前教育理论、幼儿游戏与表演"等课程的教学,实行教、学、做一体化;理论知识的教学和实践操作能力训练一起抓。在模拟的幼儿园工作情景中培养学生对幼儿在园一日生活中各个环节进行组织与指导的能力。遵循"理论讲授→情景模拟→实践锻炼→反思提升"的教学模式,从理论到实践再反思升华,逐渐达到培养目标。

"理论讲授"是教师结合幼儿园实际工作需要,把与幼儿在园一日生活相关的知识,比如学前儿童生长发育规律、心理卫生知识、幼儿常见疾病的护理和预防、幼儿在园一日生活常规与管理的知识以及基本的教育理论等,采用多种直观的手段与方式,教授给学生。

"情景模拟",学生分组模拟幼儿在园一日生活中的不同场景,针对场景中出现的问题,学生在老师的指导下,集体讨论、分析,利用学到的理论知识,找出解决问题的策略。

"实践锻炼"是到幼儿园去实地观摩、实践。可以让学生在固定的时间到幼儿园见习、跟岗实习,让学生真切感受从幼儿早晨入园到下午离园期间幼儿园实际的一日常规生活。学生也可以和幼儿园教师一起承担一日的教育工作,在幼儿园实践中得到锻炼。

"反思提升"是在"实践锻炼"结束后,对实践过程中出现的问题、问题的解决方式等进行反思,包括实践中所需的理论知识的掌握情况、能否把所学的理论知识和实践相结合、解决问题的方式方法是否切实有效、是否需要进一步改进,还有哪些方面的不足等。在总结的基础上,明确下一步学习与强化的目标,以提升学生的幼儿园一日生活组织与指导能力。

这种教学模式的实质是使理论知识的学习与实际操作的训练紧密结合,使教学内容更具有针对性,教学活动更具有实效性,更有利于培养学生幼儿园一日生活组织与指导的能力。

(四)考核标准

在幼儿园一日生活组织与指导能力的培养过程中,学生理论知识的掌握和实践能力的获得都很重要,但考核重在将理论用于实践的能力上。

从幼儿园晨间接待、组织与指导晨间活动,到幼儿饮水、如厕、盥洗、就餐以及教学活动、游戏活动、户外活动等环节中,考查学生幼儿园一日生活组织与指导能力及实际问题解决和处理的能力。

表 9-1　幼儿园晨间接待考核合格标准

考核项目	评价标准
入园	1. 教师能够提前做好园内清洁工作,做到地面干净无杂物,教室通风透气。
	2. 能以热情、亲切的态度在园门口接待幼儿。
	3. 及时向家长询问幼儿在家情况,虚心听取家长关于幼儿园工作的意见和建议。
	4. 做好个别幼儿的衣物、药物的交接工作,并做好记录。
晨间检查	能够按照"一摸:有无发烧;二看:喉部、皮肤和精神问题;三问:饮食、睡眠、大小便情况;四查:观察幼儿有无携带不安全物品,并及时处理"的要求做好晨间检查。

表 9-2　幼儿园晨间活动组织与指导考核合格标准

考核项目	评价标准
晨间活动	1. 能够制定班级晨间活动计划。
	2. 能够按计划组织幼儿开展晨间活动。
	3. 能够仔细观察幼儿活动情况,适时提供材料,创设、调控活动环境并及时处理幼儿晨间活动中的意外和问题。
	4. 能够指导幼儿值日生的工作,如整理活动区、图书、更换日历牌等。

表9-3　幼儿园早操活动组织与指导考核合格标准

考核项目	评价标准
早操	1. 早操前能指导并帮助幼儿做好准备工作。如,如厕、加减衣物、穿戴好鞋帽等。
	2. 教师本人着装简便、舒适、便于运动。
	3. 精神饱满,口令、示范动作准确、熟练。
	4. 早操过程中能够随时观察幼儿的情况,发现幼儿动作不标准的应及时予以纠正,对幼儿在运动中的突发情况,能够及时发现、恰当处理。

表9-4　幼儿园教育活动考核合格标准

考核项目	评价标准
教育活动	1. 能够提前做好活动准备,包括活动设计、场地准备、教具、教育环境、幼儿活动材料等。
	2. 能够根据教学计划,认真组织教学活动,圆满完成教学任务。
	3. 教学过程能够以幼儿为主体,面向全体,关注个别,因材施教。
	4. 能够根据幼儿的需要及时调整教育方法和教育内容,营造融洽的教学氛围。

表9-5　幼儿就餐组织与指导考核合格标准

考核项目	评价标准
幼儿餐点	1. 教师能够按时组织幼儿就餐。
	2. 能指导幼儿取餐,指导幼儿安全、愉快、安静进餐。
	3. 能够在幼儿进餐过程中及时给予教育,鼓励幼儿独立进餐,培养良好的进餐习惯。
	4. 能在幼儿进食过程中,对幼儿偏食、挑食的行为给予恰当的纠正。
	5. 关注特殊儿童,及时处理异常情况。

表 9-6　幼儿饮水组织与指导考核合格标准

考核项目	评价标准
幼儿饮水	1. 能够根据季节、天气变化组织幼儿饮水,保证幼儿饮水量。
	2. 能够组织和指导幼儿安全、有序地取水、饮水。
	3. 能够关注不同幼儿的饮水需求。

表 9-7　幼儿如厕、盥洗组织与指导考核合格标准

考核项目	评价标准
幼儿如厕、盥洗	1. 能够在进餐、活动、午睡前及时提醒幼儿如厕。
	2. 在幼儿如厕过程中能及时给予幼儿帮助,帮幼儿解决困难。
	3. 能够组织和指导幼儿饭前、便后洗手。
	4. 能指导幼儿正确的盥洗方法,不浪费水。

表 9-8　幼儿午睡组织与指导考核合格标准

考核项目	评价标准
幼儿午睡	1. 能够组织和指导幼儿做好午睡前的准备,安静进入寝室。
	2. 能指导或帮助幼儿有序地脱好鞋袜和衣裤,并叠放整齐。
	3. 幼儿午睡过程中随时检查幼儿被子是否盖好,纠正不良睡姿。
	4. 能及时发现幼儿异常并做出处理或报告,做好值班记录。

表 9-9　幼儿园游戏活动组织与指导考核合格标准

考核项目	评价标准
游戏活动	1. 能够创设安全、良好的游戏环境，提供数量充足、种类丰富、能满足幼儿游戏需要的玩具和材料。
	2. 能认真观察幼儿游戏，采用合适的方式指导或参与幼儿游戏。
	3. 能处理幼儿游戏中的突发问题或意外。
	4. 在幼儿游戏结束后能做好游戏的观察和反思记录。

表 9-10　幼儿园户外体育活动组织与指导考核合格标准

考核项目	评价标准
户外体育活动	1. 能够根据幼儿园实际情况，充分、合理地利用场地，保证活动安全。
	2. 能提供丰富多样的体育器械和活动材料，满足幼儿基本动作的发展需要。
	3. 根据幼儿在体育活动中的不同表现，能进行分类有效的活动指导。
	4. 能做好体育活动中的幼儿护理工作，提醒幼儿增减或更换衣物，擦汗或洗手。

表 9-11　幼儿离园组织与指导考核合格标准

考核项目	评价标准
离园	1. 提醒幼儿穿戴好衣服、带好回家的物品。
	2. 能够准确确认家长身份，把幼儿安全交到家长手中。
	3. 能有针对性地和家长交流，关注生病或情绪异常的幼儿的交接。
	4. 将未按时离园的幼儿送交值班人员，做好交接班记录。

项目十 家园合作能力

一、培养理念

(一)重要性

家园合作也称家园共育,是指家庭和幼儿园密切配合,共同努力,教师与家长在幼儿教育的理念等方面协调一致,协同教育实现科学育儿的教育目标。

苏霍姆林斯基说过:"没有家庭教育的学校和没有学校教育的家庭都不可能完成培养人这一个极其艰巨的任务。"我国著名的幼儿教育家陈鹤琴先生曾提出过有关家园共育的思想:幼稚教育是一种很复杂的事情,不是家庭一方面可以单独胜任的,也不是幼稚园一方面能单独胜任的,必定要两方面共同合作方能得到充分的功效。幼儿园教师的家园合作能力,在家园合作中起着决定性的作用。

《幼儿园工作规程》中明确规定:幼儿园应主动与家长配合,帮助家长创设良好的家庭教育环境,向家长宣传科学育儿的知识,共同肩负育人的任务。《3~6岁儿童学习与发展指南》中提出:"家庭是幼儿园重要的合作伙伴,应本着尊重、平等、合作的原则,争取家长的理解、支持和主动参与,帮助家长提高教育能力,才能充分发挥家园共育的时效性。"家园合作能力指的是幼儿园教师善于做家长工作,创造性地实现家园共育的能力,是幼儿园教师职业素质的重要体现。

家园共育这个命题由来已久,在国外已较成熟。我国家园共育虽然如火如荼,但家园共育现状并不乐观,存在着措施实施不到位、方式方法不协调、家长教师理念分歧、家长教育观念落后等问题。作为学前教育专业人才能力结构的重要组成部分,家园合作能力的培养应该受到重视。

(二)属性及内涵

家园合作能力属于幼儿园教师的专业能力。综合考虑幼儿园教师常规工作,家园合作能力主要运用于以下几个工作环节:

1. 幼儿入园和离园

家长在这个时间会和幼儿园老师见面,虽然多数时间来去匆匆,但是每天都会见到。这个时候老师和家长就幼儿园的工作、管理或孩子的情况有语言的交流,短暂的交流也会给家长留下深刻的印象。

2. 文字往来

多数幼儿园有"家园联系册"或类似的家园联系方式。幼儿园老师每周把孩子在幼儿园的表现写在家园联系册上,家长在老师的文字后面"跟帖",同时告诉老师孩子在家里的表现。除家园联系册外,有些临时性的工作,多数幼儿园还采取了"便签"的家园联系方式。

3. 和家长通话

发生突发事件或者其他情况,有必要和家长取得紧急联系的时候,幼儿园老师要和家长通话。考察的是幼儿园教师直接家园联系能力。

4. 家访

家访有常规性的家访和专门性的家访。指幼儿园老师至少两人一组,有目的地到幼儿家里去和家长交流。考察的是幼儿园教师设计家访、开展家园交流的能力。

5. 家园活动

定期组织开展家长会、家长开放日、家园主题活动,是幼儿园展示幼儿园风采及与家长沟通的重要形式。考察的是幼儿园教师组织家园合作活动的能力。

6. 设计幼儿园园报、家园联系栏等宣传材料

考察的是幼儿园教师利用专业知识开展家庭教育、家园合作宣传的能力。

7. 微博、微信等现代移动媒体手段的使用

建立微信、微博、QQ 群等家园联系方式,家园交流呈现多元化和即时化。考察的是幼儿园教师使用移动媒体技术开展家园合作的能力。

综合以上,教师的家园合作能力可概括为四个方面:家园联系能力、家园交流能力、家园合作能力、家庭教育指导能力。

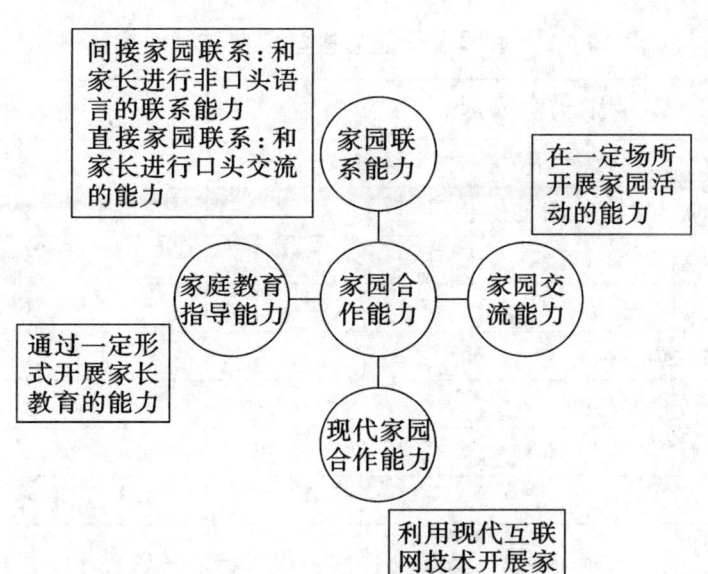

图 10-1 幼儿园教师家园合作能力结构图

(三)培养思路

学前教育专业学生家园合作能力的培养应该体现"四个结合":教学过程理论与实践结合,实践模式校内与校外结合,课程内容与工作工程结合,考核结论与培养过程相结合。

二、培养标准

(一)培养目标

1. 知识目标

理解家园合作能力的内涵和常用方法。

2. 能力目标

能有效地开展不同形式的家园合作活动,能分析和解决活动实施中遇到的问题。

3. 情感目标

积极主动地参与不同形式的家园合作实践,强化幼儿园教师职业意识,体会到有效家园合作带来的成就感。

(二)教学标准

"家园合作能力"培养分七个项目,按照"四个结合"的要求实施。

表 10-1　家园合作能力教学项目与时间安排表

授课内容(项目)	课时
项目一　家园联系册的制作与使用	6
项目二　家园联系便签的制作与使用	2
项目三　我们这样和家长说话	8
项目四　我们尝试做家访	6
项目五　组织家园活动	6
项目六　互联网+,事半功倍	6
项目七　家园联系栏的设计与使用	2
合　计	36

表 10-2　家园合作能力教学标准一览表

教学项目	项目内容	能力要求
项目一　家园联系册的制作与使用	家园联系册	能书写家园联系册
		能调动家长使用家园联系册的积极性
		能制作家园联系册
项目二　家园联系便签的制作与使用	家园联系便签	能使用家园联系便签
		能制作家园联系便签
项目三　我们这样和家长说话	入园和离园与家长交流	与家长进行语言交流
	与家长通话	和家长通话解决或者通报问题
项目四　我们尝试做家访	家访	能够成功开展家访
项目五　组织家园活动	家长开放日	能够成功组织家长开放日
	家园主题活动	能够成功组织家园主题活动
	家长会	能够成功组织家长会
项目六　互联网+,事半功倍	QQ	能利用QQ群开展家园合作工作
	微信	能利用微信开展家园合作工作
	微博	能利用微博开展家园合作工作
项目七　家园联系栏的设计与使用	家园联系栏设计	能设计并制作家园联系宣传栏
	幼儿园园报设计	能设计幼儿园园报

(三)教学模式:四个结合

1. 教学过程理论与实践结合

家园合作能力不能完全在课堂里培养,也不能完全在理论教学中养成,必须在理论教学和实践锻炼结合中培养。教学过程可以采取两种模式:第一种模式是以实践为主,穿插理论。通过学生到幼儿园见习和实习完成该能力的培养。这种模式的优点是让学生在真实环境中体验家园合作而不是闭门造车;缺点是受幼儿园工作计划的约束,不一定能全面经历家园合作的内容。第二种模式是项目化教学模式,即通过设计和使用家园联系册、设计和使用家园联系便签、如何和家长通话、设计和开展家访、设计和组织家长会、设计和组织家园开放日、设计和组织主题家园活动、设计家园联系栏和幼儿园园报、利用现代移动媒体技术开展家园共育等九个项目的教学来完成家园合作能力的培养,教学过程可以适当延伸到校外。

2. 实践模式校内与校外结合

课程的实践过程是能力形成和培养的必要条件。实践过程应该有校内和校外两部分。校内实践部分,教师和学生可以根据社会上幼教热点事件组织和模拟、虚拟场景开展训练。譬如"某幼儿园幼儿高烧抽风四次没有通知家长,结果最后家长接到通知孩子有生命危险"这样的案例,可以设计虚拟和模拟情景,让学生学习、练习如何应对。校外实践部分,可以联系实践基地幼儿园,每周定期(譬如周四下午)开展校外实践。校外指导教师参与考评。

3. 课程内容与工作过程结合

家园合作能力的培养不是现有的某一门课程可以实现的,教学内容牵涉到学前教育理论、教师口语表达、信息技术、手工与玩教具制作、儿童简笔画、教育活动设计、幼儿园经营与管理等多门课程。建议各门课程在教学过程中给本主题一定的时间和关注,安排适当环节到幼儿园开展针对性实践,把能力培养真正和工作过程结合起来。

4. 考核结论与培养过程相结合

家园合作能力是幼儿园教师必备能力。擅长家园合作的幼儿园教师是最受幼儿园重视、最受家长青睐的,但能否培养出这样的能力需要一定的标准检验。培养院校也可以参考文中考核标准来考核学生,并对学生是否具有家园合作能力特长进行评价。但评价结果不应该是终结性的,而应该是过程性的。教学内容融入多学科课程,结合实际工作,实践分为校内校外,虚实结合。考核过程也应该是分层次、分年级或者分学期进行。最终能够达到特长标准者,即可视为具有了家园合作能力特长。

(四) 考核标准

1. 家园联系能力考核标准表

表 10-3　家园联系能力考核标准一览表

考核项目	能力要求	合格标准	特长标准
家园联系册	1. 书写家园联系册； 2. 调动家长使用家园联系册的积极性； 3. 制作家园联系册。	1. 能写出符合实际情况的家园联系册； 2. 能利用家园联系册与家长开展交流； 3. 为幼儿园教师代写5份家园联系册2周，并在班级微信群上传照片。	1. 能用简洁、流畅、鼓励性的语言书写家园联系册； 2. 能充分利用家园联系册开展家园联系，对家长反映的问题及时处理，调动家长使用家园联系册的积极性； 3. 书写内容一目了然，情感真实动人，形式灵活多样，生动有趣味； 4. 为幼儿园教师代写家园联系册10份，连续4周，并写出经验体会，在班级微信群共享； 5. 利用原材料或者半成品为孩子量身制作家园联系册5份。
家园联系便签	1. 使用家园联系便签； 2. 制作家园联系便签。	1. 知道什么时候使用家园联系便签； 2. 会制作简易家园联系便签。	1. 能规范使用家园联系便签； 2. 会制作家园联系便签； 3. 熟悉通知、告知、调查等家园联系便签的格式，并能写出规范的便签。
入园和离园家长交流	与家长进行语言交流。	能在孩子入园和离园时与家长进行短暂交流。	1. 能根据接送幼儿的家长和幼儿的关系选择合适的话题； 2. 能总结出不同类型家长接送幼儿关心的话题； 3. 到幼儿园实践2周并写出总结报告。
与家长通话	和家长通话解决或者沟通问题。	能准确、清楚地在电话中表达自己的想法。	1. 能用委婉的语言通报幼儿的突发事件，准确传达情况； 2. 能用艺术性的语言和家长交流，发出通知或者通报； 3. 模拟情境训练考核合格。

2. 家园交流能力考核标准表

表 10–4 家园交流能力考核标准一览表

考核项目	能力要求	合格标准	特长标准
家访	能够成功开展家访。	1. 见习幼儿园教师家访 2 次； 2. 能说出家访时常见问题和应对措施。	1. 帮助幼儿园设计家访提纲，参与家访 5 次； 2. 通过查资料总结出家访应该注意的事项和问题； 3. 会制作家访记录表，能做家访资料的后续整理。
家长开放日	能够成功组织家长开放日。	1. 能够设计家长开放日活动计划； 2. 参与幼儿园家长开放日 1 次。	1. 帮助幼儿园设计家长开放日活动，并亲自参与 2 次； 2. 能准确说出家长开放日活动的准备事项和流程。
家园主题活动	能够成功组织家园主题活动。	1. 能够设计家园主题活动； 2. 参与幼儿园家园主题活动 1 次。	1. 帮助幼儿园设计家园主题活动并亲自参与 2 次； 2. 能准确说出庆六一、圣诞、新年、运动会等主题活动的准备事项和流程。
家长会	能够成功组织家长会。	1. 能够设计家长会活动计划； 2. 参与幼儿园家长会 1 次。	1. 帮助幼儿园设计家长会活动，并亲自参与 1 次； 2. 能准确说出家长会活动的准备事项和流程。

3. 家园合作能力考核标准

表 10–5 家园合作能力考核标准一览表

考核项目	能力要求	合格标准	特长标准
QQ	能利用 QQ 群开展家园合作工作。	会建立 QQ 群，熟练使用 QQ 群开展家园共育。	1. 加入幼儿园班级管理工作群，作为管理员管理 QQ 群； 2. 熟练使用 QQ 群上传文件、照片并进行群内交流。

续表

考核项目	能力要求	合格标准	特长标准
微信	能利用微信开展家园合作工作。	会建立微信群，熟练使用微信群开展家园共育。	1. 加入幼儿园班级管理工作微信群； 2. 熟练使用微信群上传文件、照片、语言信息等功能； 3. 教会家长使用微信记录幼儿生活； 4. 能用微信召开班级管理会议。
微博	能利用微博开展家园合作工作。	会建立微博，熟练使用微博开展家园共育。	1. 建立并帮助幼儿园管理微博； 2. 帮助3名幼儿家长注册微博，教会家长使用微博记录幼儿生活。

4. 家庭教育指导能力考核标准

表10－6　家庭教育指导能力考核标准一览表

考核项目	能力要求	合格标准	特长标准
家园联系栏设计	能设计并制作家园联系栏。	1. 知道家园联系栏的作用； 2. 知道家园联系栏可以放置哪些内容； 3. 制作家园联系栏。	1. 能熟练举出5种家园联系栏的造型和结构； 2. 帮助幼儿园某个班级设计一个实用性强的家园联系栏； 3. 利用原材料制作家园联系栏。
幼儿园园报设计	能设计幼儿园园报。	1. 能设计并制作板报； 2. 能绘制幼儿园纸质园报框架。	1. 能熟练举出5种幼儿园园报的架构； 2. 帮助幼儿园制作板报；帮助幼儿园设计纸质园报架构，并能用计算机制作成电子版。

"家园联系册"教学案例

【教学任务】

表10-7 教学任务

教学任务	了解—尝试—运用—总结—特长
教学任务一	查找资料,了解家园联系册
教学任务二	观察幼儿一周,尝试写出家园联系册
教学任务三	让家长乐意使用家园联系册

【情境导入】

今天是周五,是小敏老师到幼儿园实习第一周的最后一天。离园时间马上就要到了,小敏心里很焦虑,她在努力地回想今天某个孩子表现如何,以便应付一会儿来接孩子的家长。每到这个时候,她都非常紧张,因为家长每次都问好多问题,她却不知道怎么说得体,并且觉得有几次和家长的交流非常不成功。离园时间到了,卢老师交给小敏一摞书,让她交给家长。奇怪的是这次竟然没有几个家长问她问题,而是比较高兴地拿着书看了起来。这时小敏才注意到,书上写着"幼儿园家园联系册",她好奇地翻开一个孩子的家园联系册,发现孩子在园一周的表现、想给家长说的话、想要家长做的事情,全都在里面了,并且每一篇都有家长认真地回复。"怪不得家长都不问我了啊!"小敏心想。

实习的第二周,小敏非常认真地观察了卢老师是怎么使用家园联系册的。卢老师看小敏学得认真,就给她布置了一个任务:如何使用家园联系册?

任务一 查找资料,了解家园联系册

卢老师让小敏去查资料:什么是家园练习册?家园联系册的基本结构是什么样的?

小敏在百度百科和中国知网检索"家园联系册",才知道原来家园联系册就是用书面的方式与家长进行联系,其主要功能是向家长报告儿童各方面各阶段的情况,征求家长们的意见和建议,共同探讨分享育儿的方法、经验等。

在和家长交流的过程中,小敏还发现好多幼儿是爷爷奶奶接送,爸爸妈妈很难见一面,但是有了家园联系册,就能很好地和幼儿父母"交流"了。

小敏发现虽然不同幼儿园的家园联系册各有特点,但基本结构都大体相同。

首先是封皮:封皮上一般有幼儿园的名字、班级(比如小敏在的班级是"幼小班")、幼儿姓名,大多数幼儿园的家园联系册会做得比较鲜艳、漂亮。有的幼儿园还会在封皮的反面写上一段非常感人的话作为前言,譬如"当您翻开这本册子的时候,无论您是家长或者教师都会为孩子的成长与发展而喜悦、感动。这里记录着幼儿成长的点点滴滴,引领我们走进他们丰富的内心世界,了解他们独特的视角,感受他们细腻的情感,体会他们那颗稚嫩而又纯洁美好的心灵!"

其次是扉页:大多数幼儿园的家园联系册扉页会有这个孩子的详细信息和照片,譬如学名、乳名、出生日期、身高、体重、家庭住址、爸爸姓名及电话、妈妈姓名及电话、老师姓名及电话等信息。

再次是内容:小敏发现所有幼儿园的家园联系册都为家长和幼儿园交流留出了足够大的空间。大多数联系册先有一些客观的数据(定性或者定量),然后是老师想和家长交流的内容,包括对幼儿的主观评价、想法和要求等。除此之外,小敏还发现,有空白的地方会有一些育儿小窍门或者心理学小常识等。

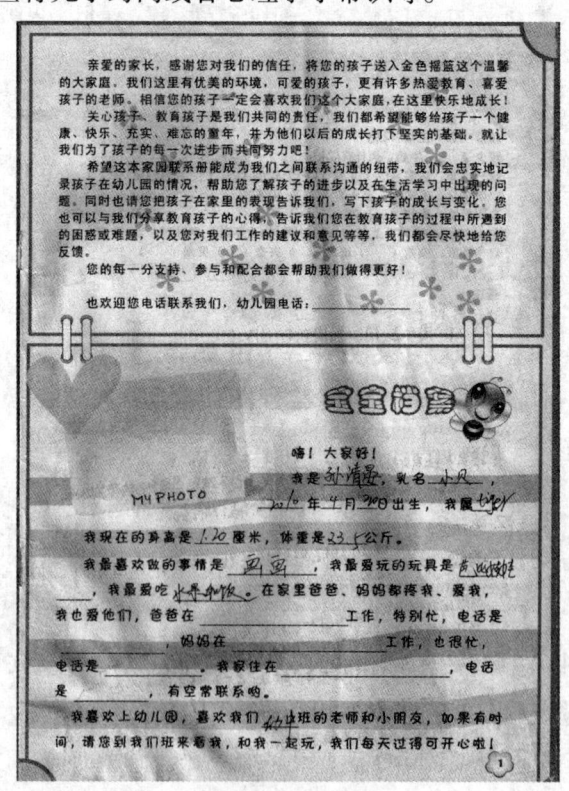

图 10-2 扉页

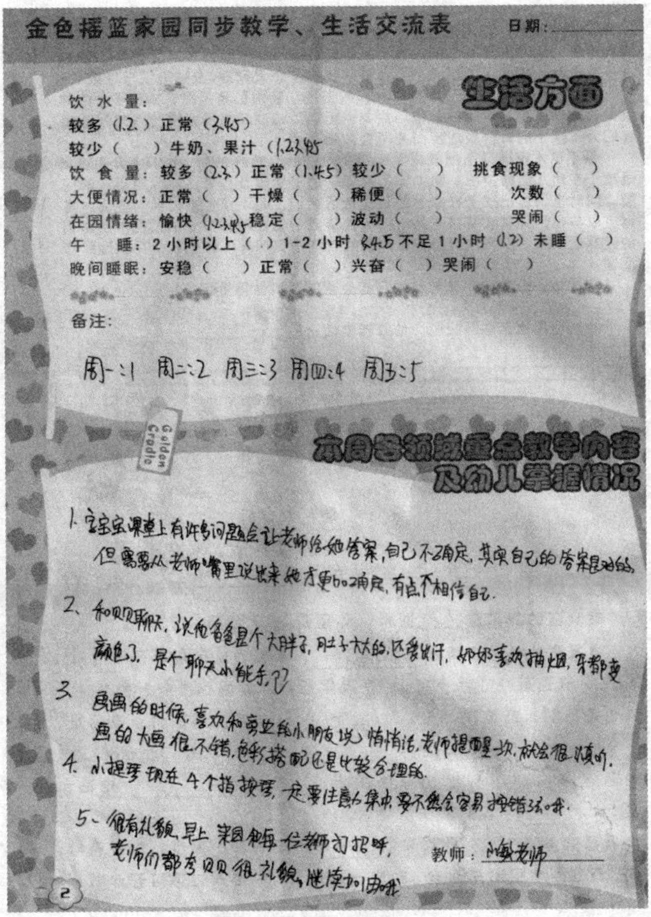

图 10-3 内容

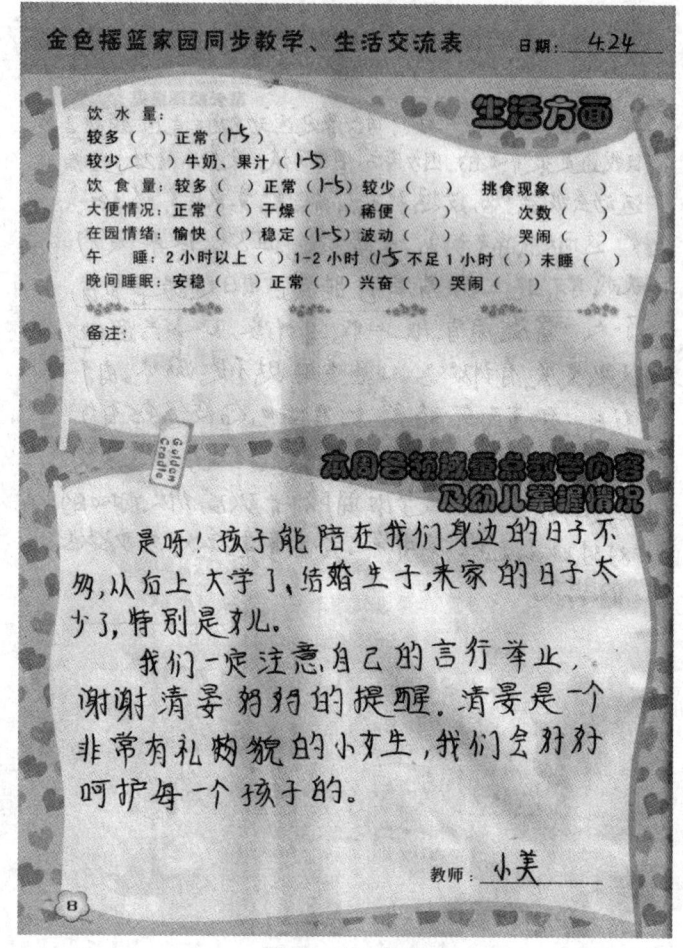

图 10-4 内容

小敏将自己的这些发现报告了卢老师,卢老师很欣慰,认为小敏有悟性。

任务二 观察幼儿一周,尝试写出家园联系册

卢老师让小敏去观察贝贝小朋友一周,并写出本周家园联系册草稿。

1. 小敏的草稿

小敏通过观察,发现贝贝小朋友在画画的时候喜欢和小朋友说话,老师在提问问题的时候明明知道,却不敢回答。经过初步总结,小敏老师的草稿如下:

(1) 贝贝小朋友非常听话,非常遵守纪律,非常懂礼貌。

(2) 注意力不如别的小朋友集中。

(3) 回答老师问题不如其他小朋友积极。

请家长注意以上几个方面的问题,保持优点、克服缺点。

小敏老师把草稿拿给卢老师,卢老师告诉她这样的家园联系是无效的,请小敏站在家长的角度考虑一下,如果自己是孩子的妈妈,看到这些话会怎么想?

2. 小敏的修改稿

很快小敏就意识到了自己的问题,修正了自己的草稿:

(1)贝贝小朋友有许多问题会让老师给出答案,自己不确定,害怕犯错,其实自己的答案是对的,但是需要老师说出来才敢确定,不过这已经比前两周好多了。针对不自信这一特点,需要家长经常鼓励他;

(2)贝贝喜欢和小朋友聊天,说爸爸是个大胖子,喜欢出汗,是个聊天小能手。在画画的时候也会和别人说话,经常走神,不过老师提醒一次就会好多了,画的画很不错,色彩搭配很有创意;

(3)贝贝小朋友很有礼貌,早上见到老师会鞠躬问好,平时见了老师也会打招呼。贝贝,继续加油奥!

3. 卢老师的提示

卢老师对小敏的第二稿表示满意。卢老师告诉小敏:在写家园联系册的时候应该注意以下几个问题:

(1)在给每个小朋友写家园练习册的时候应该先看一下前面几个周的记录,了解一下孩子的发展和家长的关注,在本次书写中注意孩子的进步,并简单回应家长的关注;

(2)一定要写具体的事情,要善于抓住孩子的特点,有针对性地与之交流。不能只写原则性的话,不然就失去了沟通的意义,达不到沟通的效果;

(3)一定不要横向评价幼儿,不要拿孩子的表现和别人去比较,多用纵向比较;

(4)要实事求是描述孩子的表现,优点缺点都要写,但是用词要委婉,不能太生硬,要站在家长的角度考虑能否接受;

(5)及时总结家长的反馈。

小敏忽然发现,家园练习册实际就是孩子的成长记录档案,见证了老师和家长在孩子成长过程中的努力,实际上是参与了孩子的成长过程,应该非常认真地去对待。但是小敏在翻阅孩子们的家园联系册的时候却发现有几个孩子的家园联系册只有幼儿园的记录,没有家长的记录,她就拿去问卢老师这是怎么回事,卢老师告诉她这就是需要考虑的第三个问题。

任务三　让家长乐意使用家园联系册

1. **为什么有的家长不愿意写家园联系册**

卢老师告诉小敏有的家长不愿意写联系册可能有以下几种原因：

（1）有的家长认为，当家长的只要交了学费就行了，剩下的都是老师的责任；

（2）有的家长觉得"家园联系册"上写的话过于空泛，不知如何交流；

（3）有的家长是因为文化水平低，字写得不好而不愿意动笔；

（4）有的是因为工作忙而忽视了与老师的交流。

请小敏思考如何处理以上问题，解决家长不愿意写联系册的问题。

2. **怎样才能让家长愿意填写家园联系册**

小敏经过思考给出以下答复：

（1）要让家长愿意写，教师首先要愿意写、会写并写好。

要认真分析那几个没有回复的联系册，是否自己写的东西存在虚假大空，家长没法回应交流的问题。今后写联系册一定要真实、针对性强，使家长一看便知讲的是自己的孩子。在佩服老师独到的眼光的同时，也了解到老师在用心关注自己的孩子，这样家长就很容易与教师产生共鸣，从而愿意拿起笔与之交流。

（2）要讲究交流的艺术。

每个孩子家庭条件不尽相同，家长的职业和文化素养也存有差异。如有的家庭经济条件比较好，父母文化素养比较高，对孩子的期望也比较高。对这样的家庭，要引导家长树立正确的人才观、儿童观和教育观，引导全面、客观地分析孩子的身心发展情况，准确地找出孩子的长处和不足，给孩子以应有的指导与帮助。有的家庭祖孙三代同堂，祖辈对孩子的溺爱使得孩子的父母虽然恼火，可又无可奈何，时间长了难免发生矛盾。对这样的家庭，要把工作的重点放在孩子的父母亲身上，引导他们既要体谅爷爷、奶奶疼孙子的心情，又要耐心做老人的工作，如聊天时经常涉及一些关于教育孩子的话题，请老人参加幼儿园的家长会、观摩活动等。还有的家长文化水平比较低，生活比较困难，如父亲或母亲下岗，家中有患病的亲人等，往往对孩子持消极放任的态度。对这样的家庭，在写"家园联系册"时文字要通俗，语气要亲切、自然，必要时可以在家长接送孩子的时候进行简短的交谈，就怎么写"家园联系册"给予具体的指导。

（3）要注意多向家长汇报孩子的长处。

即使是淘气的孩子也要努力寻找他的闪光点，要充满热情地唤起家长对孩子的信心：孩子就是未来，孩子就是希望。对于家长的不同需求给予具体的指导和帮助。比如,怎样为孩子选购玩具?孩子爱哭怎么办?孩子发脾气怎么办?怎样指导孩子阅读?这些问题都是家长经常提到的,教师要认真加以分析,将其中共性的问题和个性的问题区分开来,然后可以选择与此有关的文章或专家的一些观点,抄写下来或复印下来。共性的问题贴在"家长园地"宣传栏中,个性的问题贴在相关的"家园联系册"上。并且,可以附上几点提示和自己的看法与家长进行探讨。写"家园联系册"时,要注意把家长视为合作伙伴,真诚地与家长交流,要从字里行间看出这种感情,切忌居高临下,主观臆断。

3. 怎样和个别家长沟通

与家长的个别沟通主要包括两种类型:一是不愿意写联系册的家长;二是不会写联系册的家长。

卢老师安排小敏给一个家长打电话沟通没写家长联系册的问题,结果发现家长根本不愿意写,以下是小敏和家长的对话:

小敏:乐乐妈妈,这个周您的家园联系册怎么没写反馈意见呢?

家长:老师,我觉得您每次都为一点点事情就打我电话,我忙啊,哪有时间写啊,您一会儿叫我们做这个,一会儿叫我们写这个,我们是打工赚钱的,不是给您服务的。

小敏:我非常理解您的难处,但是,我们让您写是想听听您对我们工作有什么建议,共同帮助乐乐改掉坏习惯。首先,您是乐乐的监护人,您有义务教育他、指导他。

家长:您也别说了,反正我是不会写的,我不会写字,我文化水平低,要不您帮我写吧。

小敏:这样的话,这本"家园联系册"就没有意义了,请您抽空写一下吧。

之后,她马上挂了我电话。过了一天,乐乐的本子上还是空的。

除了乐乐妈妈不愿意配合我们的工作,还有一部分家长写家园联系册都是千篇一律,如:

家长 A:谢谢老师,您辛苦了!

家长 B:我们家的孩子谢谢您的照顾,这周没什么事。

针对以上情况,小敏和卢老师认为应该采取以下措施:

(1)针对经常写的家长,要多写他们关注的事。

(2)针对不常写的家长,要主动跟他们加强沟通。

(3)针对不太会写的家长,要激发他们写的兴趣。

4. 总结

通过以上三步的工作过程,小敏基本上掌握了如何使用家园联系册,对家园联系册的优缺点也有了较深入的理解。经过几周的实践,小敏最后总结:书写家园联系册要做到五个要求：

（1）内容一目了然；

（2）情感真实动人；

（3）形式灵活多样；

（4）写出生动趣味；

（5）发掘家长资源。

除此之外，小敏主动提出利用班级微信群和 QQ 群，晒联系册、晒照片，吸引家长们的参与，针对文化水平较低的家长（爷爷、奶奶），提供图画式反馈。她的想法受到了卢老师的称赞。

【教育建议】

该项目的教学可以采取三种模式：

1. 按照示例程序，情境导入，教师引导，课堂教学＋自学；
2. 实践教学，安排学生到幼儿园集中实践 1 周，分散实习 2 周，完成该项目任务；
3. 虚拟教学，在虚拟幼儿园进行该项目的学习，完成项目任务。